FAÇA NEGÓCIOS *em*
ANGOLA

O guia essencial para investir e fazer negócios nesta economia em rápido desenvolvimento

Ricardina Pederneira

A Autora

Ricardina é uma advogada qualificada em Inglaterra e no País de Gales e registada na Ordem dos Advogados em Angola. Especializada em direito comercial e empresarial fundou em 2011 o seu escritório de advocacia em Londres (RBS) onde exerce funções como advogada. Ricardina participou em várias missões comerciais a Angola e Moçambique com o Lord Marland (na altura, Enviado Especial do Primeiro-Ministro britânico, para Angola), com o Lord Alderman (na altura, Prefeito da Cidade de Londres), com o Ministro britânico para África, Mark Simmonds e David Heath, também Enviado Especial do Primeiro-Ministro britânico para Angola.

Desde sempre tem apoiado muitos clientes que pretendem investir em Angola assim como angolanos que procuram aconselhamento jurídico sobre como investir no Reino Unido. O seu guia "SMART" de como fazer Negócios em Angola foi desenvolvido para apoiar potenciais investidores na sua entrada com sucesso no Mercado. Na qualidade de advogada ligada aos negócios, compreende os desafios que os investidores enfrentam quando decidem negociar numa terra estrangeira. Com muita dedicação e força de vontade conseguiu integrar-se muito bem na sociedade britânica e no seu livro relaciona-se a sua história com a dos investidores estrangeiros em Angola, passando-lhes a sua experiência por ser capaz de perceber quer a cultura ocidental quer a africana. O seu extenso conhecimento de Angola coloca-a numa posição privilegiada para fornecer as desejadas respostas às questões que tendem a impedir os investidores a entrar no mercado angolano. Espera-se que a sua experiência venha a encorajar futuros investidores a aceitar o desafio e a investir numa economia em desenvolvimento.

Ricardina foi diversas vezes convidada como oradora em vários eventos, não só no Reino Unido mas também noutros países tendo dado o seu contributo com resposta a diversas questões jurídicas. Foi nomeada duas vezes para o prémio "Portugueses de Valor" e tem escrito vários artigos para revistas e jornais no Reino Unido e na França, orientados para as comunidades de expressão portuguesa. Representa a Associação Industrial de Angola (AIA) no Reino Unido e Países Baixos e tem participado em diversos fóruns relacionados a assuntos jurídicos e empresariais.

Agradecimentos

Há várias pessoas na minha vida a quem eu gostaria de agradecer por fazerem ou terem feito parte desta minha longa e difícil mas maravilhosa viagem. Estarei para eternamente grata àqueles que me apoiaram de diversas maneiras diferentes, nos meus períodos mais difíceis mas as pessoas a quem mais quero agradecer são os meus pais. Não somente por me terem posto no mundo mas principalmente pela maneira como me educaram. Quando os meus pais me pediram que os ajudasse a cuidar do seu restaurante no Lobito durante as minhas férias grandes escolares (três meses), quando eu tinha apenas 14 anos foi para mim uma grande responsabilidade e também um orgulho por perceber que confiavam em mim, apesar da minha idade. Recordo-me que adorei a experiência que fez com que me sentisse uma pequena "adulta" responsável.

O meu muito obrigado aos meus pais por fazerem de mim a mulher que sou hoje. Não há palavras que descrevam o quanto lhes estou grata apenas lamento que eles já não estejam neste mundo para desfrutar do trabalho que fizeram.

Aos meus amados filhos Edson, Daniela e Marta que tiveram que se sujeitar à minha vida agitada e por terem sacrificado os seus anos mais tenros apoiando-se entre eles e também cuidando da minha mãe deficiente enquanto eu trabalhava, estudava ou fazia os meus exames. Os meus filhos têm sido a razão da minha existência, eu amo-vos profundamente e é incomensurável todo o amor que me une a eles.

Um obrigado muito especial para os meus irmãos, Beto, Jito, Guida e Cady que sempre confiaram em mim e me apoiaram, e apesar de adultos e por vezes separados geograficamente em diferentes continentes, o amor que nos une é igual ao que sentíamos quando crianças. Nado e Luisinha também o meu obrigado e o meu amor.

Um obrigado muito especial para a Daniela, Marta, Pedro, Thalia, Domingas e igual para a minha equipa de trabalho pela valiosa contribuição neste livro.

Há muito mais pessoas que embora não estejam aqui mencionadas sempre estiveram comigo nas diversas fases da minha vida quer pessoal quer profissional e que sempre acreditaram em mim. Para todos eles o meu muito obrigado.

Não podia também deixar de agradecer todos os que, muito amavelmente, aceitaram ser entrevistados e que me forneceram informação valiosa e casos práticos usados neste livro com a sua permissão. Agradeço às instituições que se prontificaram a colaborar comigo falando-me da sua valiosíssima experiência. Agradeço também a outras entidades que me forneceram informações preciosas e que, por motivos de espaço não referi no meu livro. A todos o meu muito obrigado e bem haja.

Elogios

Trata-se de um livro muito prático, que fornece uma visão informativa do país àqueles que sabem pouco ou nada sobre Angola. Nunca antes houve uma visão tão completa compilada numa única publicação. Parabéns!

Angola é um país maravilhoso e oferece inúmeras oportunidades de investimento. Alcançada a estabilidade política e com imensos recursos naturais, estamos empenhados em diversificar a nossa economia numa altura particularmente sensível, dada a instabilidade do preço do petróleo. Angola está a reestruturar-se de modo a tornar-se uma das economias mais poderosas de África.

O conhecimento da Dra. Ricardina sobre o país e o seu amor por ele é claramente demonstrado neste livro de uma forma apaixonante. O seu modelo SMART e os casos práticos que partilha neste livro fornecem um guia abrangente para qualquer potencial investidor que, espero, se sinta encorajado a fazer negócios no país.

Miguel Fernandes Gaspar Neto,
Embaixador da República de Angola no Reino Unido

Acolho de forma calorosa o lançamento desta publicação extremamente útil e atractiva. Angola é um mercado de grande potencial – que vai muito além do petróleo e gás que foi durante muito tempo a pedra angular da economia. Como em outros países a recente queda do preço do petróleo está a criar desafios para Angola. No entanto, perante essa queda, o governo angolano reagiu com vigor e pretende continuar a fazê-lo, intensificando os seus esforços para diversificar a economia.

As empresas do Reino Unido com disposição para investir e com a abordagem correcta poderão desempenhar um papel fulcral na definição deste futuro promissor, realizando grandes e rentáveis negócios. Agricultura e educação; energias renováveis e planeamento urbano; serviços financeiros e exploração mineira: todas estas e muito outras são áreas de grande oportunidade. A revisão e o aperfeiçoamento do sistema legislativo de Angola e das suas estruturas de governação económica, a decorrer neste momento, são também áreas de grandes oportunidades. O Reino Unido lidera o mundo nestas especialidades.

Num futuro próximo iremos assistir a um aumento significativo da actividade do Reino Unido relativamente a Angola, com o lançamento da nova Câmara de Comércio, missões empresariais de destaque bem como visitas de altos dirigentes já planeadas. Espero que estes eventos e também este excelente livro sirvam de inspiração para que mais empresas do Reino Unido se envolvam. Nós aqui na Embaixada estamos prontos para ajudar e encorajar na medida que nos for possível.
John Dennis, Embaixador, Embaixada Britânica, Luanda

Parabéns pelo seu livro que constitui uma excelente "viagem" pelo mundo do que saber para fazer negócios rentáveis em Angola.
Alves da Rocha, Professor, Universidade Católica de Angola e Director do CEIC

África é um continente que oferece cada vez mais grandes oportunidades para o comércio internacional e investimento, e a Angola do pós-guerra deve certamente estar no topo da lista de países que merecem o esforço. A Dra. Ricardina Pederneira, como advogada angolana/britânica familiarizada com empresas britânicas estabelecidas em Angola, está numa posição privilegiada para dar a conhecer as oportunidades bem como os riscos. Este livro deve servir de guia para todos os que estão a considerar investir bem como para os que já investiram em África.
Cezary M Bednarski MSc DipArch RIBA FRSA,
activo em Angola nos últimos três anos; entre outros, responsável pelo planeamento das quatro novas eco-cidades angolanas

"Faça Negócios em Angola" é um livro detalhado, realista e prático para todos os interessados em explorar oportunidades de negócios em Angola, um dos mercados emergentes mais atractivo do mundo. O livro oferece uma perspectiva de equilíbrio, não só por apresentar as inúmeras oportunidades disponíveis, mas também por destacar os vários riscos e sugestões sobre como estes podem ser evitados. As percepções e recomendações da autora não são apenas fundamentadas com provas factuais, são também ilustradas pela sua vasta experiência em trabalhar com vários tipos de organizações a operar num mercado tão distinto. É definitivamente um recurso valioso para gerentes de pequenas empresas bem como para multinacionais mais experientes de maior dimensão.
Dr. Emanuel Gomes, Professor Universitário Sénior (Professor Associado) em Negócios Internacionais e Estratégia, Universidade de Birmingham

RETHINK PRESS

Primeira edição na Grã-Bretanha 2015

pela Rethink Press (www.rethinkpress.com)

© Ricardina Pederneira

Todos os direitos reservados. Nenhuma parte desta publicação pode ser reproduzida, armazenada, inserida num sistema de recuperação, ou transmitida, sob qualquer forma, ou por qualquer meio (electrónico, mecânico, fotocópia, gravação ou de qualquer outra forma) sem a autorização prévia por escrito da editora.

O direito de Ricardina Pederneira, de ser identificada como a autora deste trabalho foi declarado pela mesma em conformidade com o Copyright, Designs and Patents Act 1988 do Reino Unido.

Este livro é vendido na condição de que não poderá, por meio de comércio ou de outro modo, ser objecto de empréstimo, revenda, aluguer, ou de outra forma circulado sem o consentimento prévio da editora, sob qualquer forma de encadernação ou capa diferente daquela em que é publicado e sem uma condição semelhante, incluindo esta condição que está a ser imposta ao adquirente subsequente.

Imagem da capa © krkt/shutterstock

Nota: Este livro foi ridigido sem o acordo ortográfico porque Angola não ratificou o referido acordo.

Dedicatória

Dedico este livro a todos os que, de forma directa ou indirecta, ajudaram Angola a alcançar a paz; aos que trabalham continuamente para manter essa paz; ao povo angolano, que apesar de abençoados com um país tão rico ainda vive em pobreza sem água potável ou electricidade nas suas casas; e também a todas as pessoas de negócios e investidores privados estrangeiros dispostos a fazer a diferença no país e a libertar das grilhetas da pobreza este povo tão alegre e simpático que sofreu a pressão da colonização e posteriormente o pesadelo de uma guerra fratricida.

Espero sinceramente que este livro atraia aqueles que anseiam contribuir para o desenvolvimento do país, deixando uma marca de solidariedade humana.

Índice

A Autora	ii
Agradecimentos	iv
Elogios	vi
Introdução	1
1ª. Parte: O Guia de Cinco Passos para Fazer Negócios em Angola	**5**

1º. Passo:	Sinta o País – Será Angola o Lugar Ideal para o Meu Negócio?	7
	Porquê Angola? Cinco Razões	7
	Conheça o País	10
	Um Olhar sobre a Economia	26
	A Relação Comercial de Angola com o Mundo	42
2º. Passo:	Meu Negócio – É Viável e Útil para o País?	51
	Porquê Eu? Cinco Razões	51
	Pesquisa de Mercado e Avaliação de Risco	52
	Oportunidades de Investimento	53
	O Que Pretendo Trazer Para o País?	115
3º. Passo:	Associe-se a um Parceiro Local – Porque Não um Parceiro Local?	118
	Parceiro Local	118
	Due Diligence	121
4º. Passo:	Respeite a Língua – Como Lidar com a Barreira Linguística?	124
	Barreira da Língua	124
5º. Passo:	Tente o Mercado - Como Começar?	127
	Contrate Profissionais	127
	Investimento Estrangeiro	130
	Quadro Jurídico	136
	Impostos	144
	Emprego	149
	Vistos	151

2ª. Parte: **Comece o Seu Negócio** **157**
Tipo de Estruturas Empresariais 157
Factores a Considerar 159
Conheça a Cultura Empresarial 173

3ª. Parte: **Qual o Próximo Passo?** **177**
Principais Organizações Empresariais 179
Epílogo 181
Glossário 182
Referências 187
Bibliografia 189

Introdução

Angola é um dos mercados mais atractivos para investimento em África sendo um dos principais produtores de petróleo no continente africano. É um país muito rico em recursos naturais, incluindo minerais preciosos como diamantes e ouro, tem imensos recursos hídricos, um solo fértil e um clima tropical favorável à agricultura diversa.

Contudo, após a sua independência em 1975, desencadeou-se em Angola uma longa guerra civil que durou vinte e sete anos. As suas infra-estruturas, indústria, agricultura e toda a economia foram destruídas por este conflito, o que fez com que o país se tornasse quase totalmente dependente do petróleo, tendo este sido a principal fonte de receita e sustento da economia angolana.

Desde 2002, Angola está, finalmente, a desfrutar da tão merecida paz e estabilidade política, o que tem permitido o processo de reabilitação e desenvolvimento do país. Mas existe, actualmente, uma grande necessidade de se diversificar a economia a fim de reduzir a dependência das receitas do petróleo, diminuir as importações, criar empregos e combater a pobreza. Este processo de diversificação tornar-se-ia particularmente importante nos tempos que decorrem, devido à redução dos preços do petróleo, permitindo assim que os outros sectores se desenvolvessem, demonstrando que a riqueza de Angola pode derivar de outras áreas tirando-se proveito de outros recursos do país, não exclusivamente do petróleo. Naturalmente, surgem assim grandes oportunidades de investimento em todos os outros sectores da economia e em resposta, os investidores estrangeiros têm demonstrado um grande interesse em fazer negócios em Angola.

No entanto, apesar de muitos investidores terem aceitado o desafio e de estarem já a estabelecer a sua presença em Angola, outros têm estado mais relutantes em experimentar o mercado ou já tentaram mas falharam. Afinal, a que se deve isso?

Como resultado da minha carreira profissional enquanto advogada, da minha experiência adquirida na participação em várias missões empresariais a Angola, em fóruns de negócios e conferências, identifiquei vários problemas, que foram, muitas vezes, a razão para esses insucessos.

Dos problemas referidos os que passarei a mencionar parecem-me ser aqueles que têm maior protagonismo quanto ao insucesso de alguns investimentos:

1 – Publicidade negativa – as notícias sobre Angola que se ouvem pelo mundo fora, especialmente no Ocidente, são na sua maioria centradas nos problemas do país e na resultante publicidade negativa: pobreza, fome, saúde, falta de segurança e guerra. Mesmo treze anos após o fim do conflito armado, e estando o país verdadeiramente a desfrutar de paz e estabilidade ainda existem pessoas a questionar se de facto a guerra acabou.

2 – Demora em dar início ao investimento devido a um certo cepticismo, sendo depois confrontados com a concorrência – a publicidade negativa muitas vezes desencoraja os investidores privados de tentarem investir no mercado. Mesmo aqueles que estão preparados a desmistificar os preconceitos em relação ao país, demoram demasiado tempo a realizar a sua *due diligence* e pesquisa de mercado que, com certeza esclareceria as suas dúvidas. Como resultado, demoram demasiado tempo a implementar o seu projecto, perdendo assim muitas vezes a oportunidade de serem os primeiros a tentar no seu ramo de negócios. Consequentemente, quando finalmente decidem entrar investir no mercado, deparam-se com concorrência de outros intervenientes do mesmo sector de actividade.

3 – Falta de conhecimento do mercado e a noção errónea de que bens de qualquer qualidade são aceitáveis – muitos acreditam que o país é tão mal gerido que qualquer produto ou serviço de má qualidade será aceite. Resultado, muitos não conseguem vender.

4 – Negociar com responsáveis governamentais e entrar no mercado de forma arrogante – alguns tentam negociar directamente com figuras governamentais numa tentativa de manipular o sistema ou a sua entrada no mercado. Com uma falsa sensação de confiança, em vez de procurar aconselhamento especializado ou um parceiro local para os auxiliar, adoptam uma postura de "faça você mesmo" convencidos de que, sem qualquer ajuda, poderão resolver todos os assuntos relacionados com procedimentos e negociações necessários. Estes intervenientes geralmente não têm qualquer tipo de respeito pela lei ou cultura local entrando no país com uma atitude de arrogância, tratando todo o cidadão nacional como corrupto.

5 – Contactos pessoais – alguns decidem fazer negócios no país porque têm lá "bons" contactos pessoais. Nessas situações, muitas vezes não planeiam a sua estratégia de entrada nem realizam estudos de mercado e avaliação de risco de forma a determinar se o negócio é viável, porque acreditam não ser necessário já que para eles o sucesso é garantido devido às suas influências. A tendência destes é, normalmente, oferecer incentivos para que possam ser apresentados a contactos influentes como forma de ludibriar o sistema.

6 – A barreira linguística – muitos não preparam uma estratégia para lidar com o obstáculo da língua como, por exemplo, assegurar os serviços de um intérprete ou tradutor adequado, supondo de modo erróneo, que todas as pessoas falam inglês por ser a língua comercial e quando chegam ao terreno deparam-se com uma considerável barreira linguística.

Tenho visto muitas empresas, infelizmente, fracassar ou terem muitas dificuldades em se estabelecerem no mercado pelas razões acima referidas e depois alegarem que Angola é um mercado muito complexo e difícil para fazer negócios.

Não é difícil ver que o mercado angolano tem o potencial para lhe oferecer a oportunidade que talvez esteja à procura e que, à primeira vista, o seu produto, serviço ou ideia corresponde às necessidades do país. Nessa prespectiva, realiza uma pequena pesquisa e acredita que tem as ferramentas necessárias para avançar com o seu projecto e que o seu sucesso será garantido. De facto, esse até pode ser o caso, mas se não for suficientemente inteligente para tomar medidas cautelosas que assegurem a sua entrada sólida no mercado, o seu sonho poderá não se concretizar, e quem sabe, ter que regressar a casa completamente desiludido.

Seja qual for o problema que conduz ao insucesso destes aventureiros todos partilham do mesmo infortúnio – a perda de dinheiro e de uma grande oportunidade de fazer negócios numa economia emergente e em franco crescimento.

Se pertence a essa categoria, ou se pensa fazer negócios em Angola, este livro é o ideal para si. O livro apresenta soluções para os problemas que se verificam com frequência respondendo às perguntas mais comuns, ao mesmo tempo que apresenta uma visão sincera e detalhada do país, da sua economia, das oportunidades de investimento e de outras questões que preocupam qualquer investidor ou empresário. Estas soluções são ilustradas através de uma série de casos práticos, citações e fotografias.

Adicionalmente, apresento também aqui o meu guia SMART, que consiste em cinco passos, bem como alguns exercícios práticos com perguntas desafiadoras que irão ajudá-lo na sua decisão. Acredite que economizará tempo, dinheiro e esforço, se escolher uma entrada SMART no país. Como investidor estrangeiro, já não necessita de perder a sua oportunidade para se estabelecer num mercado tão abundante, no qual poderá desfrutar de um bom retorno financeiro, bem como criar um impacto positivo na sociedade.

E se o seu negócio não estiver em sintonia com o mercado angolano, então este livro será igualmente útil uma vez que, através dos exercícios, poderá perceber que Angola não é o mercado ideal para o seu negócio e talvez seja melhor desistir e concentrar-se noutro mercado sem ter primeiro que fracassar em Angola.

1ª. Parte

O Guia de Cinco Passos para Fazer Negócios em Angola

> "Você pode ter dinheiro para investir, um produto de qualidade, bons serviços ou até mesmo uma ideia de negócio brilhante, mas se quiser que o seu negócio prospere em Angola, precisa de ser SMART!"

O guia de cinco passos SMART é representado por uma seta, que irá conduzi-lo, passo a passo, até ao mercado angolano. Este guia desafia-o com uma série de questões sob forma de actividades à medida que progride. No final de cada passo tem um exercício interactivo com cinco comentários no qual é necessário assinalar a sua posição numa escala de um a cinco. Um é a pontuação mais baixa aumentando gradualmente para uma pontuação máxima de cinco. A fim de passar para o passo seguinte, terá de alcançar, pelo menos, quinze pontos em cada exercício, até chegar ao quinto passo. Existem cinco exercícios, por conseguinte, o seu negócio terá mais probabilidades de sucesso se alcançar pelo menos setenta e cinco pontos no total, quando chegar ao final da seta. Isto significará que tem fortes probabilidades de sucesso quando tentar experienciar o mercado angolano.

Se, no entanto, não for capaz de alcançar pelo menos quinze pontos em cada exercício, isto pode significar que Angola não é o mercado indicado para si ou que o seu produto ou serviço pode não ser adequado para o mercado angolano. Nesse caso, talvez seja melhor esquecer a ideia por agora ou então aceitar o risco de perder tempo e dinheiro. Como alternativa, pode também repensar o seu modelo de negócios e tentar o exercício novamente.

O guia SMART aborda as seguintes questões:

Sinta o país – será Angola o lugar ideal para o meu negócio?

Meu negócio – é viável e útil para o país?

Associe-se a um parceiro local – porque não um parceiro local?

Respeite a língua – como lidar com a barreira linguística?

Tente o mercado – tente o mercado – como começar?

1º. Passo

Sinta o País – Será Angola o Lugar Ideal para o Meu Negócio?

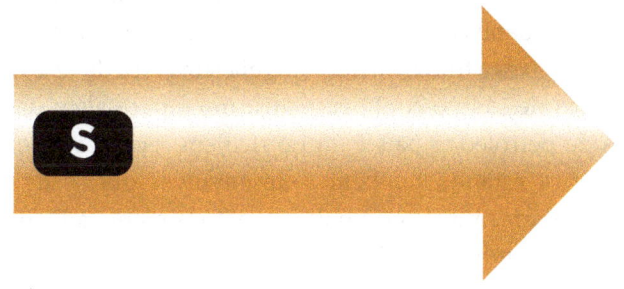

Corra o risco – é a melhor maneira de se testar a si mesmo, de se divertir e de ir para além dos limites

Richard Branson

Porquê Angola? Cinco Razões

Primeiro, Angola é uma economia emergente em crescimento, é um dos mercados mais atractivos do mundo e até foi classificado pelo Banco Nacional do Qatar como um dos países com mais potencial na Africa Subsariana[1]; Angola é o terceiro maior mercado financeiro na África Subsariana, superado apenas pela Nigéria e África do Sul; está estrategicamente localizada no Golfo da Guiné, no centro dos maiores mercados a Oeste, Sul e Centro de África, o que a torna num destino bastante atraente para investimento.

Segundo, Angola tem um subsolo rico, desde fósseis de grande valor espalhados numa área bastante extensa: petróleo, gás e vastas reservas de minerais, que incluem diamantes, ouro, minério de ferro, cobre, fosfatos, granito entre outros. A sua fauna e flora são bastante variadas e, a seguir à Amazónia no Brasil, o país tem a segunda maior floresta do mundo, a floresta do Maiombe em Cabinda que se estende até ao Gabão.

Com o seu clima tropical e uma grande extensão de terra arável, quase tudo pode ser produzida incluindo o café, sisal, raízes, frutas, legumes, cereais, algodão, e muito mais. Também o Oceano Atlântico, que banha a sua costa, oferece uma grande variedade de espécies de peixes e frutos do mar. Angola tem cerca de 12% da rede hidrográfica de todo o continente africano e para além das suas reservas de petróleo, o país é muito rico em recursos de energia hidroeléctrica estando também a desenvolver portos de águas profundas. Várias regiões do país são naturalmente adequadas à construção de indústrias, à exploração agrícola e a parques de diversão tendo em conta a sua rica e variada fauna que inclui espécies raras.

Terceiro, a sua localização estratégica na Costa Ocidental de África banhada pelo oceano atlântico funciona como uma porta de entrada para o sul e centro do continente por meio de redes marítimas, rodoviárias e ferroviárias, facilitando assim os negócios em toda a região.

Quarto, desde o fim da guerra civil em 2002, Angola desfruta de estabilidade política e social. O país é felizardo por não sofrer catástrofes naturais tais como furacões, vulcões ou qualquer outro desastre natural e está sinceramente empenhado em promover a prosperidade económica e a reconstruir as suas infra-estruturas, o que o torna num mercado atractivo para os negócios.

Quinto, finalmente o grande leão acordou, e o país está pronto e aberto a negócios. Existem grandes oportunidades de investimento em todos os sectores da economia e estão implementadas as condições para atrair investimento privado estrangeiro.

Indubitavelmente Angola é um grande destino para investimento e isto é claramente evidenciado pela rápida expansão e crescimento mostrado nos últimos treze anos. Mesmo com a actual redução do preço do petróleo, a economia angolana continua a crescer. O governo tem feito esforços para fortalecer as instituições políticas e desenvolver uma estratégia de diversificação económica. Devido ao seu potencial em recursos e uma população muito jovem, qualquer investidor visionário que traga *know-how*, equipamentos e boa vontade, pode facilmente capitalizar o investimento e desfrutar de um retorno elevado sobre o seu investimento, bem como contribuir para o desenvolvimento do país.

Mapa de Angola - Jaimagens.com

Conheça o País

Porque é que Angola deverá ser o lugar para o seu negócio? Os empresários nem sempre parecem valorizar (ou importar-se com) o local onde pretendem operar, mas assegurar-se se Angola é o lugar certo para o seu negócio poderá protegê-lo de muita frustração. O facto de o país oferecer uma série de oportunidades, e você ter um negócio ou uma ideia de investimento, não significa que o país seja o mais indicado para o seu modelo de negócios. É muito importante que tenha uma noção sobre Angola antes de iniciar o seu investimento. Uma visão generalista do país pode abrir as portas às suas opções e, quem sabe, pode até fazê-lo mudar qualquer percepção errónea que tenha concebido anteriormente.

No presente capítulo, faculto informação sobre o país e a sua economia, o que deverá ser suficiente para suscitar o seu interesse e dar início à perspectiva de fazer negócios em Angola. Também o ajudará a desmistificar uma série de equívocos que lhe possam ter sido incutidos a partir de publicidade negativa transmitida pela imprensa, blogues ou através de pessoas que fazem campanhas contra o sistema político vigente no país.

Resumo: obtenha o máximo de informação possível sobre o país, visite-o e explore-o. Alguns investidores apenas conhecem os hotéis onde ficam, talvez um ou outro restaurante na Ilha de Luanda e os escritórios onde têm as suas reuniões, mesmo depois de muitas viagens realizadas ao país. Peça a alguém que lhe mostre a cidade onde se encontra. Informe-se sobre locais a visitar, talvez no final do dia quando o trânsito estiver mais calmo. O melhor conselho é que sinta o lugar onde quer fazer negócio, independentemente de, na sua opinião, ser um lugar bom ou mau. Não se limite à capital Luanda, Angola tem 18 províncias e a sua melhor oportunidade poderá estar em qualquer uma. Não desconsidere as reportagens negativas que possa encontrar na imprensa, use-as sim de forma construtiva na sua pesquisa e uma ajuda para descobrir mais sobre o país.

Localização geográfica

Angola situa-se na África Ocidental, e faz fronteira com as Repúblicas Democrática do Congo e República do Congo a Norte, Namíbia a Sul, Zâmbia a Este e a Oeste o Oceano Atlântico Sul. Tem uma área total de 1.246.700 quilómetros quadrados e uma costa atlântica de 1.650 quilómetros.

Como muitos países africanos, Angola é muito rica em recursos naturais e tal como foi já anteriormente referido, os seus recursos hídricos representam aproximadamente 12% da rede hidrográfica de África. Angola tem cerca de quarenta rios, sendo os mais importantes são os rios Cuanza, Cunene, Cubango e Congo. A maioria dos rios de Angola nasce nas montanhas centrais mas apenas dois são navegáveis, sendo eles os rios Cuanza e Cuango. O Rio Cuanza, localizado na zona central do país, é o único rio que nasce e desagua em Angola no Oceano Atlântico. É um longo rio de 966 km, mas apenas 200 km do seu comprimento são navegáveis. O Rio Cuango, localizado na região norte, tem um comprimento de 1.100 km e uma hidrovia bastante navegável que desagua a norte no Rio Congo. Este último, (também conhecido como Rio Zaire) é o maior rio da África Ocidental e o segundo mais longo de África. Os rios Cuando e Cubango correm ao longo da fronteira com a Namíbia e desaguam a sudeste no Delta de Okavango no Botsuana.

A sul da linha divisória, alguns rios correm para o Rio Zambezi e daí para o Oceano Índico, outros para o Rio Okavango. Ao longo das margens do rio, crianças e adultos tomam banho, brincam, lavam as suas roupas e pescam para a sua alimentação diária. Existem muitas histórias locais sobre rios e os seus nativos enquanto estes tomam banho ou pescam.

O pico mais alto no território continental é o Morro do Moco com uma elevação de 2.620 metros, localizado a noroeste do Huambo. Na zona costeira surgem outros pontos altos como o Morro do Mejo com 2.583 metros na região de Benguela e o Morro do Vavéle com 2.479 metros no Kuanza Sul. A atravessar o centro do país (até à

Zâmbia) está a Divisão da Lunda, um conjunto de cordilheiras baixas a marcar a separação entre os rios que fluem do Este e Oeste. O ponto mais baixo em terra encontra-se ao nível do mar.

O país tem setenta e três montanhas, mas as principais são: Monte Ungungi de 2.511 m; Monte Catchimanha de 2.451 m; Monte Sacotiquite de 2.438 m; Monte Locosso de 2.412 m; Monte Camofe de 2.330 m; e o Monte Luela de 2.310 m. A maioria delas está localizada na província de Huambo.

Como já referido acima, a longa costa de Angola é beijada pelo Oceano Atlântico e tem três portos principais: Luanda, Lobito e Namibe. Os portos de Luanda e Lobito são internacionais, através dos quais flui uma exportação e importação em grande escala, tornando-os assim intervenientes indispensáveis na economia angolana.

A zona costeira oferece belíssimas praias, visitadas por locais e turistas durante todo o ano, atraídos pela sua beleza natural e águas cálidas. Por isso não se surpreenda se ouvir dizer que um grande número de negócios se realiza nas praias angolanas.

Actividade

Assinale com um √ ou X em cada quadrado

Será que a informação geográfica é relevante para o meu projecto de negócio?

O meu negócio irá beneficiar de algum aspecto da situação geográfica?

Preciso de mais informação sobre a geografia do Angola?

Agora faça as suas anotações

Clima

O clima de Angola, devido à grande dimensão do país, varia de forma considerável, mas é predominantemente tropical, com três estações: uma estação seca que dura de Maio a Outubro, uma estação de transição com um pouco de chuva de Novembro a Janeiro e uma estação quente e chuvosa de Fevereiro a Abril. Março é o mês mais quente e Abril o mais chuvoso. Em média a temperatura máxima varia nos 30º C e a mínima nos 17º C. A temperatura média de Angola na costa é de 16º C na estação seca e 21º C na estação quente, enquanto no interior é geralmente mais quente e seca. As regiões chuvosas do Norte e Noroeste, incluindo Cabinda, estão cobertas por densas florestas, ao passo que as áreas mais secas, no centro do país, mantêm a vegetação seca da savana. O clima diversificado de Angola é favorável ao turismo, agricultura e muitas outras actividades de negócio.

Demografia

Angola está dividida em dezoito províncias administrativas: Luanda, Bengo, Benguela, Huambo, Bié, Lubango, Namibe, Kuando Kubango, Moxico, Cunene, Lunda Norte, Lunda Sul, Malanje, Kwanza Norte, Kwanza Sul, Uíge, Zaire e Cabinda. Cabinda é um enclave que se tornou parte de Angola ao abrigo do Tratado de Simulambuco assinado em 1885, colocando a província sob a protecção portuguesa.

População

De acordo com o último censo realizado em 2014, a população de Angola é de 24.383.301 habitantes dos quais 6,5 milhões – 27% da população – vive em Luanda, a capital do país[2]. O excesso de população em Luanda deve-se a migração maciça, durante a guerra civil, de pessoas de zonas remotas e rurais, que migraram em busca de protecção, defesa e emprego. O mesmo aconteceu às cidades de Benguela, Lobito, Lubango, Huambo e Malanje, embora em menor escala. Estima-se que na última década, a população tenha crescido significativamente a uma taxa média anual de 3%, correspondendo a um aumento numérico de 5,1 milhões.

Angola tem uma taxa de natalidade muito alta (trinta e nove nascimentos ano por mil habitantes) e também uma taxa de fertilidade bastante elevada (cerca de 5,4 filhos por mãe). Contudo, a esperança média de vida é muito baixa, por volta dos cinquenta e um anos. A maioria da população de Angola é jovem tendo 60% idade abaixo dos 25 anos. Uma elevada percentagem da população mais jovem de Angola não é qualificada tendo pouca ou nenhuma educação. No entanto, esta população mais jovem pode ser transformada numa enorme força laboral para o país, se for implementado investimento em programas e formação adequados, bem como apoio psicológico e social.

Actividade

Assinale com um √ ou X em cada quadrado

Será que o clima me oferece oportunidades de investimento?

Estarei receptivo a começar o meu negócio numa província diferente de Luanda?

O facto de Angola ter uma população jovem será relevante ou vantajoso para o meu negócio?

Agora faça as suas próprias anotações
Faça uma lista dos lugares, onde poderia considerar iniciar a sua actividade.

Língua

O português é a língua oficial em Angola tendo sido imposto pela presença colonial dos portugueses aquando da sua chegada no século XVII. Mas existem muitos dialectos locais, dos quais seis têm reconhecimento oficial: Kimbundu, Umbundu, Chokwe, Nganguela, Kwanyama e Kikongo. No entanto há cada vez menos pessoas a falar dialectos, visto que os colonialistas portugueses não encorajaram os locais a falar a sua língua nativa. Estima-se que cerca de 85% fala português fluentemente[3] e que o português seja a língua materna de 39% da população. Muitas famílias ambicionavam ter acesso à educação, boas perspectivas de emprego e uma vida melhor para os seus filhos, por isso para o conseguir não comunicavam com os mesmos na sua língua nativa, muito menos lhas ensinavam.

Infelizmente, esta foi uma realidade para muitas famílias em Angola, especialmente aquelas que tinham fortes ligações com os portugueses (os ditos assimilados) e que não queriam correr o risco de dificultar ou comprometer a sua ascenção social, tendo-se tornado assim um estigma e embaraço falar a sua língua nativa.

Agora que Angola está em paz, existe, da parte de alguns, o desejo de se ensinar dialectos locais nas escolas. Estações de rádio e televisão agora transmitem notícias em dialectos locais e há cada vez mais pessoas interessadas em aprender línguas nativas.

Embora possa ter a sorte de encontrar um parceiro de negócios ou agente local que fale inglês (ou a sua língua), todos os negócios são conduzidos em português, língua oficial do país. Da mesma forma, as aulas escolares e palestras da faculdade também são proferidas em português.

Religião

As principais religiões de Angola são a Católica e a Protestante, embora outras práticas tenham vindo a emergir nas últimas décadas. Nos anos oitenta houve um declínio religioso uma vez que os angolanos estavam confusos sobre a posição das religiões face à política. Durante a guerra civil, algumas pessoas perderam os seus familiares e bens, outros tiveram que abandonar as suas casas. Talvez por isso, a decepção de não ter ocorrido uma intervenção nem da divindade nem das organizações religiosas, tivesse levado a uma crescente descrença nas religiões estabelecidas.

A Igreja Católica sofreu o maior declínio na década de oitenta e noventa, deixando espaço para as novas religiões emergentes como a Maná, Reino de Deus e muitas outras. Estas desempenharam um importante papel em restaurar a fé na mentalidade das pessoas, o que levou a que, finalmente, a população angolana recuperasse a confiança na religião. Hoje, uma elevada percentagem de angolanos de todas as origens participam nalgum tipo de religião. A Igreja Católica reeinventou-se e tem sido novamente frequentada por uma boa parte da população angolana. Cada vez mais casais realizam casamentos religiosos e os bebés são baptizados nas igrejas. As igrejas têm também atraído a geração mais jovem e a população quer feminina quer masculina.

Actividade

Assinale com um √ ou X em cada quadrado

Será que a religião terá algum impacto no meu negócio?

Será necessário preparar uma estratégia para lidar com trabalhadores de diferentes crenças religiosas?

Anote aqui as suas preocupações

Cultura

Angola pertence a uma cultura africana, maioritariamente bantu, que foi muito influenciada pelos portugueses como resultado da colonização que durou cerca de 500 anos. Com diversos grupos étnicos e raciais a viverem juntos, as comunidades mantêm, em graus variados, os seus próprios traços culturais, tradições e línguas. Nas cidades, uma cultura mista tem-se tornado cada vez mais dominante.

Em certas partes do país, existem algumas práticas tradicionais que sobreviveram ao colonialismo. Por exemplo, o alambamento é uma prática cultural comum na maior parte do país. É uma cerimónia de noivado que consiste numa série de rituais e ocorre quando o namorado pede permissão à família da namorada para se casar com ela. Tradicionalmente, o encontro é organizado pela família da namorada na casa desta ou num lugar organizado pela sua família onde os tios têm um papel preponderante. O namorado é acompanhado pelos seus pais e familiares mais velhos com uma carta aberta dirigida à família da noiva prometendo cuidar dela. Como parte dos rituais, o namorado oferece determinados bens, tais como tecidos, dinheiro, bebidas e até gado à família da namorada. A cerimónia é geralmente seguida por um casamento civil ou religioso, a realizar-se em data fixada na cerimónia do *alambamento*. Esta prática é mais predominante em famílias tradicionais e varia de região para região, embora recentemente se esteja a testemunhar a uma forma mais moderna e sofisticada de *alambamento*, especialmente nas cidades.

A circuncisão em meninos é outra prática comum em cidades e áreas rurais, e ouso mesmo dizer que uma boa percentagem de meninos e homens angolanos são circuncidados.

Os angolanos homenageiam a vida de seus entes queridos quando eles morrem; juntam-se numa cerimónia chamada *comba* (velório) para chorar a sua perda. A casa da pessoa falecida ou dos seus familiares próximos é aberta aos familiares, amigos, colegas e a todos que queiram apresentar os seus pêsames à família. Nalguns casos os visitantes contribuiem com alimentos e bebidas e por vezes permanecem dias e em alguns casos até um mês no local do velório, rezando dia e noite, alguns dançam, outros cantam. Enquanto as mulheres cozinham, os homens jogam às cartas, bebem e contam histórias.

Embora esta prática ainda esteja muito presente, nas cidades, as pessoas participantes no comba, já não se reúnem por muito tempo, às vezes o cerimonial termina logo depois do funeral, mas esta prática varia de família para família e também de província em província. As pessoas sentem-se obrigadas a apresentar as suas condulências àqueles que perderam o seu ente querido, ainda que o falecido lhes seja desconhecido, pois às vezes os familiares mais próximos sentem-se muito ressentidos se as pessoas conhecidas ou familiares não apresentarem as condolências.

Também a música e a dança têm evoluído ao longo dos anos e constituem uma grande parte da cultura angolana. A música foi amplamente influenciada por outros estilos como a portuguesa, congolesa, brasileira e zouk. Os angolanos são muito criativos e inventaram diversos estilos como o merengue, semba, kilapanda, tarrachina, kuduro, hip hop e kizomba. Os principais ritmos são o semba, kizomba e kuduro. Os outros vêm e vão, consoante as modas. O Semba é a dança tradicional da Ilha de Luanda já o Kizomba é muito difundido e é ensinado e dançado internacionalmente, com grandes festivais anuais de Kizomba a decorrerem em muitas partes do mundo.

A arte é muito preservada na cultura de Angola. Várias formas de arte incluíndo a literatura, poesia, escultura, pintura e têxteis confirmam as características artísticas do país sendo a areia, óleo, plástico, madeira e o metal os materiais mais utilizados. As formas de arte fazem parte dos rituais tradicionais e variam de acordo com o grupo étnico, do qual originaram.

A culinária tradicional angolana é muito rica, e varia de acordo com a região. A comida tradicional mais conhecida é o funge, feito de farinha de mandioca ou de milho. Este é geralmente acompanhado de um acompanhamento feito de carne, frango ou peixe, misturados com um molho conhecido como moamba de dendém, moamba de ginguba, calulú, meia n'dungu entre outros. Estes pratos são normalmente confeccionados com óleo de palma e óleo ou pasta de gimguba. O cardápio é, normalmente, acompanhado de vegetais como espinafres, kizaka (folhas de mandioca), gimboa, usse, folhas de batata-doce, quiabos, beringela e uma grande variedade de outras folhas verdes. Muitos dos pratos regionais tradicionais incluem feijão cozido com óleo de palma (feijão de óleo de palma) acompanhado de peixe grelhado, peixe seco, kikwanga e caldo de peixe. Nalgumas áreas, principalmente nas cidades, os pratos tradicionais apenas são consumidos ao sábado ou domingo, pelo facto da comida tradicional ser considerada pesada, sendo muito provável que se queira dormir uma sesta depois de ter comido. Além disso, a comida angolana é símbolo em Angola é um símbolo de união familiar e social. Normalmente os angolanos reúnem-se aos Sábados ou Domingos e desfrutam da companhia de familiares e amigos enquanto comem. Durante a semana, um bom número de angolanos come comida ocidental mais digestível, principalmente herdada e influenciada pela colonização portuguesa.

O maruvu (ou malavo), kissangua e caporroto são algumas das bebidas alcoólicas tradicionais angolanas. O maruvo é extraído das palmeiras e a kissangua é feita de arroz, farinha de milho ou casca de abacaxi fermentados. Os angolanos produzem bebidas não-alcoólicas tradicionais, feitas de frutas frescas como maboque, tambarino, goiaba, sape-sape, fruta-pinha e manga.

O carnaval em Angola é comemorado em grande estilo. Antes da independência, havia um *slogan* que dizia: "carnaval como no Brasil, só no Lobito". O carnaval é muito popular e é celebrado todos os anos nos três dias que antecedem a Quarta-feira de Cinzas. Grupos em carros alegóricos usam trajes coloridos e dançam semba entre outras danças. No final do carnaval, são atribuídos prémios aos melhores grupos, fantasias e bailarinos.

Pela primeira vez em muitos anos, em Agosto e Setembro de 2014, Angola realizou o Festival Nacional da Cultura (FENACULT) para celebrar a sua cultura. Vários eventos culturais em todo o país foram preenchidos com artes cénicas, música, dança, artes plásticas, feiras do livro, exposições e literatura em todo o país.

Actividade

Assinale com um √ ou X em cada quadrado

Será que a cultura terá alguma influência no meu projecto?

Terei necessariamente de me adaptar à cultura tradicional angolana?

Será que existe algum aspecto desta cultura que possa ser vantajoso para o meu negócio?

Agora faça as suas próprias anotações
Se existe algum aspecto da cultura de que goste, anote-o aqui

Sociedade

Angola é composta por uma sociedade muito tolerante e multicultural. Os angolanos são tolerantes e geralmente aceitam outras culturas. Apesar de terem sido colonizados e discriminados pelos portugueses durante quase 500 anos, de um modo geral os angolanos não têm nenhum ressentimento contra eles ou contra qualquer outra nacionalidade. Estes interagem, casam ou fazem negócios facilmente com qualquer pessoa independentemente da sua raça, nacionalidade, filiação étnica, religiosa ou política. A miscigenação é uma marca da cultura angolana.

Os dois principais conflitos de Angola foram a luta contra o colonialismo português, a luta pela sua independência, e o longo conflito pós-independência, que conduziu o país a uma guerra civil de vinte e sete anos que só terminou em 2002. Hoje, Angola está em paz e não tem qualquer conflito tribal, religioso, político ou outro. O país está finalmente a desfrutar de estabilidade política e social. Este nível de compreensão e aceitação faz de Angola um lugar relativamente seguro para se viver e também um ambiente estável para negócios.

No entanto, alguns problemas sociais como resultado da longa guerra civil estão muito presentes no dia-a-dia dos angolanos: pessoas sem-abrigo, pobreza, mercado negro, deficientes das minas, órfãos e veteranos de guerra e desemprego. Estes desafios são diariamente enfrentados pelo governo e a sociedade. A necessidade de sobrevivência ocasionou um comércio irregular e ilegal de rua e fez de quase cada angolano um negociante. Estes podem ser vistos a vender todo o tipo de artigos nas ruas e as chamadas kinguilas a cambiar moeda no mercado negro quase abertamente; a realidade da vida diária para alguns destes angolanos é de facto muito difícil.

Mas apesar das vicissitudes, os angolanos são geralmente muito positivos perante a vida e o futuro. Há pouco tempo li um artigo sobre um estudo da Consultora Americana McKinsey, que revelava que mais de 70% dos angolanos acreditam que a sua qualidade de vida irá melhorar nos próximos dois anos. Os angolanos tendem a preservar valores morais, tais como o respeito pelos outros, especialmente pelos mais idosos e mulheres grávidas, dar o lugar aos mais vulneráveis, cumprimentarem as pessoas que se cruzam no seu caminho, mesmo que nunca as tenham conhecido antes.

Os angolanos preservam a tradição ao longo das gerações e apreciam socializar-se num ambiente familiar. Como referido acima, é comum encontrar famílias a reunirem-se nos Sábados ou Domingos em casa de seus pais, avós ou de outros familiares para partilharem as refeições. As mulheres cozinham e conversam, enquanto os homens fazem o churrasco, bebem e assistem ao futebol ou falam sobre vários assuntos. As crianças brincam ou assistem à televisão. Nestes almoços, que muitas vezes acontecem na praia, quinta ou num espaço alugado encontram-se irmãos, primos e até mesmo amigos. Porém, devido à imigração e às vidas ocupadas, uma nova tendência surgiu recentemente, segundo a qual algumas famílias formam uma associação e têm encontros familiares que ocorrem geralmente uma vez por mês. Membros da mesma família e outros parentes reúnem-se, num local escolhido, por vezes em províncias diferentes, e disfrutam de um caloroso momento familiar. Esta tendência tem funcionado como ponto de encontro para várias gerações da mesma família. Nestes encontros convive-se, come-se, bebe-se e dança-se.

Muitas famílias adoptaram esta nova prática social bastante benéfica para todos eles. Aqueles que imigraram para outro país ou que vivem noutras províncias, talvez tenham perdido o contacto com alguns parentes ou até nunca tenham conhecido os novos membros da família, assim, para estes, estas reuniões de família proporcionam-lhes, sem dúvida, uma oportunidade de se encontrarem e se conhecerem uns aos outros. Além disso, os mais idosos adoram contar as suas histórias e as dos seus antepassados às gerações mais jovens, sendo estes encontros propícios a estas memórias.

Actividade

Assinale com um √ ou X em cada quadrado

Será esta informação relevante para o meu negócio?

Terei algumas dificuldades em interagir com os habitantes locais?

Faça as suas anotações

História e política

Os portugueses chegaram à costa de Angola, em 1475. Até ao século XIX, permaneceram, em cidades do litoral, sobretudo Luanda, Benguela e Moçâmedes (Namibe). Estas cidades por se encontrarem à beira mar foram num passado remoto usadas como pontos esclavagistas. Até 1830 mais de 1 milhão de pessoas angolanas foram exportadas como escravos, principalmente para o Brasil, mas também para o Caribe e América do Norte. Os portugueses obtinham os escravos através de invasões, ou ainda comprando-os a figuras-chave nos Reinos Africanos. Conquistas territoriais foram tentadas, mas a colonização efectiva do interior só se iniciou no seculo XIX. Durante o regime colonial português várias cidades, aldeias e vilas foram fundadas, abriram-se ferrovias, construíram-se portos, e uma sociedade ocidentalizada foi sendo gradualmente desenvolvida.

Após a década de 1920, a administração de Portugal mostrou um crescente interesse no desenvolvimento da economia do país e da sua infra-estrutura social. Em 1956, o Movimento Popular de Libertação de Angola (MPLA) foi fundado, seguido por outros movimentos político-nacionalistas incluindo a União Nacional para a Independência Total de Angola (UNITA), Frente Nacional da Libertação de Angola (FNLA) e a Frente para a Libertação do Enclave de Cabinda (FLEC). Em 1961 o MPLA começou a sua luta contra o regime português tentando extinguir os campos de trabalhos forçados pelo poder colonial, "os contratados". A luta contra o colonialismo foi seguida por outros partidos até 1974 quando ocorreu a Revolução dos Cravos, em Portugal, e causou o colapso do regime do Estado Novo. Pouco mais de um ano depois, a 11 de Novembro de 1975, Angola torna-se independente de Portugal. Jonas Savimbi, presidente da UNITA, começou a combater os seus rivais políticos logo após a independência, ganhando o apoio dos EUA e da África do Sul. O MPLA governado pelo Dr. Agostinho Neto, declarado primeiro presidente do país com o apoio de Cuba e União Soviética teve como pilares políticos um regime de inspiração marxista-leninista. Durante os vinte e sete anos seguintes, Angola envolveu-se numa longa guerra civil entre a UNITA e o MPLA, juntamente com actividade subversiva e guerrilha associada de algumas das outras organizações, todos envolvidos na luta pelo poder e supremacia. Isto incluiu a luta da FLEC pela independência de Cabinda, apenas terminada num acordo de cessar fogo que conduziu a um cessar-fogo assinado entre a FLEC e o governo de Angola em 2006. No início de 1990, a UNITA perdeu o apoio dos EUA e da África do Sul devido à sua recusa em aceitar um acordo que obrigava a uma integração pacífica no sistema pluripartidário introduzido pelo MPLA em 1991. Entretanto a agitação continuou até à morte do líder da UNITA, Savimbi, em 2002. Após a sua morte um acordo de paz foi finalmente alcançado, comemorando-se o 4 de Abril como o dia da pacificação entre o povo angolano, data muito importante para o país, para a democracia.

Angola é hoje um país constitucionamlente democrático. O governo angolano é composto por trinta e três ministérios, organizados em torno de quatro eixos principais: administração do estado, infra-estruturas, produção e base social. O parlamento é eleito por sufrágio universal directo e voto secreto. Os dois primeiros candidatos da lista do partido com o maior número de votos são eleitos presidente e vice-presidente.

O presidente de Angola é José Eduardo dos Santos, tendo sucedido ao primeiro presidente, António Agostinho Neto, após sua morte em 1979. Também ele é o líder do partido MPLA, tal como o seu antecessor.

Angola tem usufruido de estabilidade política desde o acordo de paz de 2002. Repito isto várias vezes ao longo do livro porque ainda existe a percepção errónea de que Angola não tem estabilidade política. A 16 de Outubro de 2014, Angola foi eleita membro não-permanente do Conselho de Segurança da ONU, com um confortável número de 190 votos dos 193 votantes. Este elevado número de votos é com certeza o melhor reconhecimento de confiança, dado pela comunidade internacional, de que Angola é um país seguro e está pronto para assumir a responsabilidade de grandes questões globais, especialmente em matéria de paz e segurança.

No âmbito político, Angola é um estado-membro das Nações Unidas, União Africana, Países do Golfo da Guiné, Grupo dos Grandes Lagos e muitos outros conforme descrito abaixo. Em Janeiro de 2014, Angola assumiu a Presidência da Conferência Internacional da Região dos Grandes Lagos. Desde então, a situação na região melhorou significativamente, resultado da liderança de Angola conforme foi expresso pelo Banco Mundial[4]. Em Outubro de 2014, Angola também assumiu a liderança do Grupo de Ministérios e Governadores Africanos no Fundo Monetário Internacional e Banco Mundial. Isto constitui, sem dúvida, uma demonstração do compromisso de Angola não só para com o continente mas também para com as instituições internacionais, sendo igualmente um reconhecimento por parte das mesmas em relação ao país que assume perante o exterior uma imagem de credibilidade.

Moeda

A moeda oficial de Angola é o Kwanza. O seu código bancário é AOA e o símbolo é kz. Todas as operações cambiais são supervisionadas pelo Banco Nacional de Angola. Uma série de regulamentos e instruções definem as regras aplicáveis às operações específicas tais como mercadorias, contas correntes e transacções de capitais.

A moeda pode ser cambiada em bancos, mas existe também um considerável número de casas de câmbio de moeda, especialmente em Luanda. O mercado informal controlado pelas kinguilas ainda é uma realidade, embora, com a actual falta de dólares resultante da crise financeira, pareça ter enfraquecido as suas actividades.

Até 2013 o dólar americano era a moeda comercial em Angola. Tudo podia ser comprado ou vendido tanto em Kz como em USD. Entretanto, em 2013 uma nova lei entrou em vigor proíbindo qualquer negócio de ser transaccionado em dólares americanos. Esta medida valorizou a moeda nacional e reduziu as actividades do mercado negro.

A moeda nacional Kz cruzou finalmente fronteiras internacionais podendo ser transaccionada em Moçambique, Namíbia, Portugal e França (embora o seja apenas até certos limites monetários).

Actividade

Assinale com um √ ou X em cada quadrado

Esta informação é útil ou relevante?

Devo preocupar-me com algum aspecto da moeda/dinheiro?

Tenho alguma preocupação em relação à situação política do país?

Faça as suas anotações

Um Olhar sobre a Economia

Angola criou, surpreendentemente, uma história de sucesso notável, talvez sem precedentes, para o mundo. Durante a guerra civil que se seguiu à sua independência, o país assistiu impotente, à destruição gradual da sua economia. Na realidade, muitos angolanos e a comunidade internacional jamais imaginaram que o país pudesse recuperar de uma degradação tão devastadora. Para surpresa de todos, assim que a guerra se dissipou o país foi capaz de transformar uma página sombria da sua história numa economia bastante promissora. Angola é agora uma economia muito atractiva para o investimento privado não só porque oferece rendimentos muitos altos sobre os seus investimentos, mas também por causa da sua vasta riqueza em recursos naturais. Uma previsão do Banco Mundial declarou que desde 2002, o mercado financeiro cresceu a um ritmo constante e que no período de 2001 a 2010, Angola teve, a nível mundial, o maior crescimento médio anual do PIB em 11,1%[5]. Com um stock de activos no montante equivalente a 70 biliões de dólares americanos, Angola é o terceiro maior mercado financeiro da África subsariana.

Um estudo realizado pela consultora Deloitte sobre o sector bancário, revelou que a política monetária, liderada pelo Banco Nacional de Angola (BNA) permitiu uma diminuição na taxa de inflação de 7,96% em Dezembro de 2013, sendo isto um indicador de crescimento económico. De acordo com o website Trading Economics[6], o Banco Nacional Angolano informa que o saldo do comércio em Angola perfazia a média de 13,730.85 milhões de dólares americanos entre 2002 e 2015, tendo atingindo o ponto mais alto de sempre com a quantia de 42.932 milhões de dólares americanos no quarto trimestre de 2008.

Indubitavelmente Angola está comprometida com o desenvolvimento da sua economia e a melhoria de vida dos seus cidadãos. Como reconhecimento, Angola foi incluída na lista de países a serem eleitos em Dezembro de 2015, como países de rendimento médio. A este respeito, o Presidente da AIA José Severino ao falar à ANGOP em 24 de Fevereiro de 2015, disse:

"A fim de atingir este objectivo, Angola tem de continuar com os seus programas que visam atingir o desenvolvimento humano, no campo da saúde e educação, e lutar contra a pobreza e igualdade de género."

Diversificação da economia

A agricultura é a base e a indústria o factor decisivo
Dr. Agostinho Neto, primeiro Presidente de Angola

Com o fim da guerra, e sendo tão rico em recursos, era evidente que se o país quisesse crescer, teria rapidamente de apresentar planos para a diversificação da sua economia. Claramente, já não é viável, ou até mesmo justificável, manter a economia tão dependente das receitas do petróleo, quando há muitos outros recursos "desesperados por atenção". No entanto, parece que este não é um caminho fácil e simples, como defendido por muitos economistas. Por exemplo, o Professor José Manuel Alves da Rocha alega no seu Relatório Económico Anual de 2013[7] que os países ricos em recursos naturais têm dificuldade em introduzir estratégias de diversificação. Mais adiante, no seu Relatório Anual de 2014[8], o mesmo professor defende que isto se deve à excessiva actividade na produção de petróleo e à falta de concorrência nos outros sectores da economia, que em última análise, torna o país volátil.

Aceitando o desafio, o país está a implementar medidas especificas para apoiar a diversificação e o sector não-petrolífero, ou a chamada "nova economia", de forma a que estes desafio possam dar passos significativos no sentido de se tornarem contribuintes activos para o desenvolvimento económico. Em 2013 e 2014 o sector não petrolífero cresceu cerca de 6%, e tudo indica que continuará a crescer nos próximos anos. Este crescimento robusto foi impulsionado, principalmente por um desempenho muito bom nos sectores da agricultura, produção, construção, prestação de serviços e investimentos no sector da energia. As perspectivas permanecem optimistas e a expectativa é que este crescimento venha a equilibrar a queda esperemos que temporária do preço do petróleo. Na verdade, o BNA estima, optimisticamente que a economia do país deva crescer a uma taxa média anual de 5% nos próximos 4 anos, impulsionada pela crescente participação do sector privado. Estes indicadores mostram que a economia angolana está a mudar da sua dependência no sector petrolífero para uma economia mais diversificada, fazendo uso de todos os outros recursos.

Eis o que o Dr. Aguinaldo Jaime, presidente da Agência de Regulamentação e Supervisão de Seguros disse à ANGOP a 13 de Novembro de 2014[9], sobre o papel dos sectores não-petrolíferos na economia:

"... a queda do preço do petróleo irá impulsionar o sector não-petrolífero a desempenhar um papel importante na nossa economia... o sector não-extractivo irá mobilizar e transformar o fecho do balanço do país, financiar a economia e mais importante ainda irá gerar empregos e auto-suficiência, conduzindo o crescimento e a diversificação da nossa economia".

Os investidores privados estrangeiros têm um importante papel a desempenhar nesta evolução, investindo no sector não-petrolífero impulsionando assim a diversificação da economia.

Actividade

Assinale com um √ ou X em cada quadrado

Sinto-me atraído pela perspectiva de crescimento da economia?

Será que o meu investimento vai contribuir para a diversificação da economia?

Será que as medidas implementadas para a diversificação da economia irão beneficiar o meu investimento?

Agora faça as suas próprias anotações

Missões comerciais

Alguns investidores de vários países não se inibiram, e já colocaram a sua marca em Angola. Entretanto, o país tem recentemente assistido a um novo interesse por investidores de países, que autrora se mostraram relutantes em investir em Angola.

O Reino Unido, por exemplo, embora seja o segundo maior investidor na indústria de petróleo de Angola, com a BP como o maior interveniente, não tem sido pró-activo no sector não-petrolífero (antes da independência tiveram um grande interesse no país, tal se verificou com o seu envolvimento significativo na construção da ferroviária CFB). No entanto, o governo britânico assumiu presentemente a liderança no encorajamento feito a empresários de diversos sectores, no sentido de investir em Angola, aproveitando assim as oportunidades que o país oferece. Para tal têm promovido delegações empresariais a Angola, tendo eu orgulhosamente participado em algumas delas. Em Abril de 2013 o Lord Alderman da cidade de Londres liderou uma delegação de negócios composta por nove empresários, principalmente dos sectores jurídico, financeiro, bancário, seguros e educação. Em Junho de 2013 durante outra missão comercial a Angola, o então Ministro britânico para África, Mark Simmonds, ao iniciar uma parceria de elevado nível entre Angola e o Reino Unido disse:

"… os objectivos da parceria foram mover-nos dessa fase de admiração do que foi alcançado nos onze anos desde que a paz irrompeu, para a de implementação de projectos, que trabalhando juntos, nos beneficiarão a ambos. Esses benefícios serão sentidos a todos os níveis, desde os angolanos que procuram oportunidades de trabalho e melhores condições de vida, a instituições angolanas a abrir as suas asas para um palco global…"

Em Outubro de 2013, fiz parte de uma delegação de vinte e uma empresas representando, principalmente, os sectores designados prioritários tais como construção, agricultura, educação, serviços financeiros e profissionais, chefiada por Lord Marland of Odstock, o então enviado especial do Primeiro-Ministro do Reino Unido para o comércio. O objectivo da visita foi implementar o plano do Reino Unido para fazer avançar a parceria de alto nível lançada pelo Ministro Mark Simmonds em Junho do mesmo ano, também ela para intensificar as relações comerciais e de investimento entre Angola e o Reino Unido. Em Junho de 2014, o mesmo Ministro reforçou novamente o desejo do Reino Unido em ajudar Angola na diversificação da sua economia. Segundo a sua declaração:

"O Reino Unido quer ajudar Angola a diversificar a sua economia devido à sua dependência significativa de petróleo."

Em Fevereiro de 2015, foi feita nova aproximação económica através de uma reunião com o Instituto Nacional de Cereais em Luanda e David Heath, na altura enviado especial do Primeiro-Ministro britânico para o comércio a Angola da qual participei, onde lhe foi especificamente solicitado que desse atenção ao sector agrícola. Este é apenas o exemplo do Reino Unido, mas nos últimos treze anos Angola tem recebido muitas delegações de negócios compostas por médias e grandes empresas em diversos sectores de vários países interessados em investir em Angola, tais como Portugal, Alemanha, Holanda, EUA, Brasil, China, França, Itália, República Checa, Moçambique, Cabo Verde, Canadá e muitos outros. Eles têm visitado Angola para explorar o mercado e ver por si mesmo que oportunidades de negócios lhes estão abertas. Por exemplo, na sequência de uma visita do Ministro Francês dos Negócios Estrangeiros com uma delegação de vinte e três empresas, foram criados novos empreendimentos conjuntos com empresas angolanas. Em Fevereiro de 2013, uma missão comercial da Alemanha liderada pelo Enviado Especial do Chanceler Alemão para África, Gunter Nooke visitou a província de Malanje. O objectivo foi ver as oportunidades disponíveis e incentivar as empresas do seu país a investir na província.

Têm também sido realizados vários fóruns de investimento "Fazendo negócios em Angola", dentro e fora do país para promover o investimento estrangeiro.

Através destas missões e fóruns empresariais, muitas empresas estabeleceram contactos em Angola resultando em negócios para muitas delas. Com o mesmo espírito, Angola tem participado em muitos fóruns internacionais, conferências, feiras e outras iniciativas empresariais bem como em missões comerciais fora do país para promover e captar investimento estrangeiro. Por exemplo, em Maio de 2012, Maria Luísa Abrantes, Secretária de Estado e Directora Executiva da extinta ANIP presidiu o primeiro fórum de investimento entre o Reino Unido e Angola em Londres, no qual estiverem presentes Lord Marland e muitas outras figuras de destaque. O fórum atraiu cerca de 250 pessoas, interessadas em ouvir falar sobre o tema: "*Angola de hoje, seu progresso actual e suas necessidades futuras*", como foi dito pelo Director da Developing Markets Associates, Roger Martin. Em 2012, num fórum de investimento na Bélgica liderado pelo Secretário de Estado da Indústria de Angola em que participaram empresários belgas alemães, luxemburgueses e holandeses, fiquei impressionada com o geral interesse gerado, mesmo por empresas já estabelecidas em Angola. Itália, Portugal, China e muitos outros países têm também acolhido fóruns sobre "Fazendo negócios em Angola" para alavancar o país e atrair investimento estrangeiro.

Actividade

Assinale com um √ ou X em cada quadrado

Esta informação é útil para o meu negócio?

Sinto-me motivado a considerar o mercado?

Anotações

Estratégias do governo

A fim de auxiliar o desenvolvimento e a diversificação da economia e estimular o crescimento, o governo lançou, em 2013, dois programas estratégicos:

1 – Plano Nacional de Desenvolvimento 2013-2017 – PND

Este programa foi criado para preservar a estabilidade microeconómica, estimular o crescimento protegendo a produção nacional, criar novos empregos, reduzir a pobreza, aumentando a produção de alimentos, restaurar o sector industrial/produção bem como reduzir a dependência das importações. O programa incentiva o desenvolvimento de actividades comerciais, agrícolas, produção de gado e actividades ligadas à indústria promovendo simultaneamente a economia de mercado livre incentivando o controlo do investimento privado da indústria transformadora. Aumentando a produção nacional, o país será capaz de exportar para países vizinhos aumentando a riqueza e o bem-estar da população.

2 – Estratégia de longo prazo para o desenvolvimento até 2025

Esta destina-se à consolidação da estabilidade política e social, assegurando a qualidade de vida para todos os cidadãos, a inclusão de jovens angolanos no local de trabalho, o desenvolvimento do sector privado e a presença do país na arena internacional.

Zona Especial Económica – ZEE Luanda-Bengo

A ZEE foi criada em 2009 com o objectivo de ajudar a implementar as estratégias do governo e estimular o crescimento. Com uma área de 8.500 hectares, a ZEE é uma zona económica especial, que oferece modernas e eficientes infra-estruturas apropriadas para empresas de serviços, industriais e agrícolas, com o objectivo de promover negócios e actividades económicas. Esta zona irá, sem dúvida, ajudar na diversificação da economia, irá gerar empregos e estimular a produção local, contribuindo assim para a redução da pobreza. Dividida em quatro quadrantes, a ZEE é também composta por sete áreas industriais, seis áreas de agricultura e oito áreas de minerais e fornece as infra-estruturas necessárias para que as empresas que aí se instalarem tenham um bom desempenho. A ZEE fornece às empresas uma área específica para o seu negócio, sem que as mesmas tenham de se preocupar com o abastecimento de água e electricidade e para que possam realizar as suas operações de negócios sem interrupções. Além das infra-estruturas, esta zona económica especial também oferece segurança e incentivos financeiros para que as empresas se sintam atraídas a escolher a ZEE como a sua localização de implementação. O local está igualmente aberto a investidores privados estrangeiros, e estes são incentivados a investir na agricultura, produção e indústria de transformação de alimentos o que ajudará a reduzir as importações do país.

Foi recentemente atribuído à ZEE o prémio Geneva 2015 de Categoria-Ouro pela Century International Quality Era Award Geneva 2015[10]. Este prémio destina-se a reconhecer o prestígio de empresas, organizações e empresários que se notabilizaram pelo seu trabalho na promoção da sua reputação e implementação de sistemas de controlo de qualidade. Este é de facto um feito louvável, uma vez que destaca o empenho de Angola de Angola para as boas práticas e padrões de qualidade.

A ZEE tem sido visitada por figuras de destaque no mundo político e dos negócios, e vários países, incluindo os países de língua portuguesa e da América do Sul têm-na usado como modelo. Outras zonas económicas especiais e pólos industriais estão em vias de ser criadas noutras áreas do país para atrair investimentos específicos para essas áreas.

Actividade

Assinale com um √ ou X em cada quadrado

Será a ZEE o lugar ideal para o meu investimento?

Será que o meu negócio se adequa à estratégia do país?

Agora faça as suas próprias anotações

Bolsa de valores (BODIVA)

O mercado financeiro de Angola tem estado a progredir continuamente e a abertura do Mercado de Capitais a 19 de Dezembro de 2014 é prova evidente disso. A Bolsa de Dívida e Valores de Angola (BODIVA) irá garantir credibilidade, transparência e segurança nos mercados e mecanismos de negociação. Irá também permitir às empresas diversificar a sua fonte de financiamento, ao mesmo tempo que examinam o seu nível de risco, criando assim condições mais favoráveis para os seus participantes. As empresas que pretenderem estar cotadas na bolsa de valores enfrentam agora um enorme desafio já que são obrigadas a ter os seus livros, a sua estrutura de regulamentação e sistemas de informação de contabilidade organizados. A bolsa de valores será dividida em seis grupos: fundos de investimento, mercado de acções, dívida pública, dívida corporativa, mercado de futuros e outros.

A agência de notícias Angop, em 30 de Julho de 2015[10], revelou que o volume de transacções nos primeiros dois meses – de Maio a Julho de 2015 – foi de 237 milhões de dólares americanos, um resultado que colocou Angola no décimo primeiro lugar nas bolsas de valores africanas na primeira metade do ano. O mercado de acções, no entanto, só deverá ser lançado em 2016.

Fundo Soberano de Angola (FSDEA)

O Fundo Soberano foi criado em Outubro de 2012 com um fundo de dotação inicial de 5 biliões de dólares americanos provenientes das receitas do petróleo. O fundo é integralmente detido pela República de Angola, estando comprometido para com o mercado local e preservação do capital para o seu povo, e foi estabelecido em conformidade com os critérios de administração internacional. Estas características atribuem ao FSDEA um papel importante na promoção do desenvolvimento económico e social de Angola, bem como na criação de riqueza. Embora o foco principal do FSDEA seja em investimentos locais, este abrange também investimentos em toda a África que possam gerar rendimentos financeiros para a melhoria da sociedade a longo prazo. O investimento do FSDEA inclui também investimentos de lucro líquido em energia, transportes e grandes explorações industriais.

Banco Nacional de Angola - Jaimagens.com

Fundo Activo de Capital de Risco Angolano (FACRA)

Apoiado pelo governo angolano, o FACRA é uma instituição de capital de risco, que oferece investimentos financeiros a longo prazo a pequenas e médias empresas para as ajudar a construir, inovar e expandir os seus negócios. O objectivo é que o investimento adquirido ajude as PME a realizar o seu potencial de negócios acompanhados por lucros financeiros sustentáveis para que possam contribuir para o desenvolvimento socioeconómico do país.

Angola Invest

Trata-se de uma instituição que proporciona apoio financeiro ao sector industrial, facilitando assim 70% das garantias bancárias e 50% dos financiamentos.

O Corredor do Lobito

Apoiado em três plataformas principais de transporte (terrestre, aérea e marítima), o corredor do Lobito é uma importante integração de infra-estruturas que sincroniza os esforços comerciais do Porto e Refinaria do Lobito, rede ferroviária do CFB e Aeroporto Internacional da Catumbela.

O corredor funciona como uma importante zona comercial em áreas constituídas por várias empresas e unidades económicas, nos sectores dos transportes e comunicações. Qualquer referência ao Corredor do Lobito está directamente relacionada com o CFB, a mais importante peça do puzzle do corredor. Com uma extensão de 1.345 km deslocando-se da província costeira de Benguela e passando pelo Huambo e Bié, este percorre todo o país para se ligar à República Democrática do Congo (RDC) e Zâmbia. Naturalmente, esta via facilita o fluxo e a exportação de minerais e outros produtos e é uma importante zona comercial para produtos agrícolas, industriais e mercadorias entre outros, proporcionando fácil acesso a partir destes países africanos para a Europa e América.

Considerando o potencial económico da província de Benguela, a sua grande influência na mobilidade social e a disponibilidade de matérias-primas e produtos diversos, é evidente que o corredor desempenha um papel importante na economia do país. Antes da independência, o Corredor do Lobito era uma das mais movimentadas rotas de transporte nas regiões do Sul e Centro de África. Assim como outros sectores da economia, o Corredor do Lobito não escapou aos efeitos da guerra e as suas infra-estruturas foram completamente destruídas. Entretanto o governo deu já início à sua restauração, tendo incluído, no seu programa de desenvolvimento, um sistema sincronizado de redes de transporte, sistemas de portos e logística. O Corredor do Lobito está bem posicionado para o relançamento das actividades socio-económicas das regiões, o que criará empregos e, consequentemente, promoverá o crescimento doméstico, bem como as relações externas com os mercados internacionais. Desde a restauração do CFB, o nível de actividade económica e da circulação de pessoas e bens aumentou consideravelmente. O Corredor do Lobito oferece grandes oportunidades de investimento em novos projectos, transportes pesados, logística, indústria, ciência e tecnologia, formação e serviços sociais.

Actividade

Assinale com um √ ou X em cada quadrado

Será que Angola demonstra uma economia em desenvolvimento?

Será que o meu negócio irá beneficiar do corredor do Lobito?

Interessa-me que a minha empresa esteja cotada na bolsa de valores?

Escreva as suas notas

Três períodos distintos

Como resultado da redução do preço do petróleo, pode adivinhar-se o surgimento de um novo e quarto período na economia de Angola, mas, actualmente, a economia apresenta três períodos distintos e serão estes os que passarei a explicar:

1º. – Durante a colonização e antes da independência em 1975 – as principais descobertas e o desenvolvimento da economia do país;

2º. – Após a independência e durante a guerra civil – destruição em grande escala e o colapso da economia;

3º· – Após o acordo de paz em 2002 – restauração e reedificação da economia.

Em qualquer um dos períodos, Angola foi sempre um mercado atractivo ao investimento privado, principalmente por causa dos seus recursos naturais. Apenas como exemplo, a maioria das empresas petrolíferas entraram no mercado durante a guerra civil.

Angola tem petróleo, gás, diamantes e muitos outros minerais tais como minério de ferro, fosfatos, cobre, feldspato, ouro, bauxita e urânio. Tem ainda florestas, recursos hídricos, uma vasta extensão marítima e muito mais.

Fazendo uso destes recursos, durante a colonização – período primeiro – foram criadas várias indústrias principalmente nos sectores de petróleo, diamantes, minério de ferro, fosfatos, feldspato, bauxita, urânio e ouro, cimento, produtos de metal de base, transformação de pescado, processamento de alimentos, cerveja, produtos de tabaco, açúcar, têxteis e reparação naval. A economia de Angola desenvolveu-se tanto que após a Segunda Guerra Mundial se deu um salto significativo no preço das principais culturas de Angola como o café e sisal, e as operações de extracção de minério e manganês aumentaram. Em 1955, foram perfurados os primeiros poços de petróleo com sucesso. Por volta de 1960 a economia angolana foi completamente transformada, devido a um sector de agricultura comercial bem-sucedido, a uma estrutura promissora de produção de petróleo e mineral e uma indústria crescente. Antes da independência, a economia de Angola, no mundo, classificava-se em primeiro lugar na exportação de peixe e farinha de peixe, segundo em diamantes, terceiro em café e cera, sétimo em algodão e décimo em mandioca, peixe seco e sal. Durante este período, Angola foi de facto um fornecedor de alimentos a nível nacional regional.

Infelizmente, a devastadora guerra civil que sucedeu a independência, paralisou o desenvolvimento e consequentemente a economia – já no segundo período – a economia sucumbiu quase completamente deixando o país irreconhecível. Uma grande parte dos recursos e atenções foram direccionados para a guerra, enquanto as infra-estruturas, fábricas e outras empresas foram sendo destruídas. Até ao presente, a economia angolana depende quase totalmente das importações para quase tudo: dos produtos de alimentos básicos tais como farinha para fazer pão, açúcar, carne, alimentos processados, bebidas, equipamentos, maquinaria e até mesmo recursos humanos.

O fim da guerra em 2002 foi talvez um dos mais importantes eventos na história de Angola – terceiro período – este trouxe de volta memórias de uma economia outrora próspera em África e também um grande desejo de reconstruir e recuperar o tempo perdido. Os angolanos agarraram esta oportunidade com as duas mãos, deixaram o passado para trás e seguiram em frente com a reabilitação do país. O resultado é bastante visível: o país evoluiu do seu estado de colapso para uma potencial força económica sólida em África e no mundo. Qualquer que seja a agenda por detrás desta reconstrução, pode dizer-se que todos os angolanos beneficiam hoje deste progresso, embora alguns não o queiram reconhecer. Não se pode negar, por exemplo, que o tomate cultivado em Benguela pode agora ser transportado e vendido em Luanda e depois talvez seja levado para uma fábrica de processamento de alimentos na ZEE Luanda Bengo, para então ser transformado em pasta ou sumo de tomate.

Olhando para o futuro

Com o preço do petróleo actualmente incerto, e dada a dependência de Angola das receitas desse produto, têm sido levantadas várias questões sobre o futuro da economia angolana. Vê-se que a situação actual não é a mesma que a dos últimos anos anteriormente estando as reservas internacionais actualmente muito reduzidas e prevendo-se que esta situação se mantenha assim até 2020. Mas sendo Angola muito rica em recursos naturais, esta é sem dúvida a melhor oportunidade para explorar outras opções no sector não-petrolífero.

Esta crise de petróleo destaca, claramente, a urgente necessidade de se impulsionar a diversificação da economia. Tal facto tem sido uma das prioridades do governo, embora tenha levado o seu tempo a ser implementada.

Refere-se ainda o facto de que, conforme foi dito pelo Presidente da Câmara do Comércio e Indústria de Angola, Dr. João Rodrigues Alentejo, o petróleo não é propriedade do povo, portanto não gera riqueza à população. Além disso, tem havido uma repartição desigual dos fundos gerados pela indústria de petróleo sendo as empresas petrolíferas os principais beneficiados. O sector de diamantes também não se apresenta no seu melhor, uma vez que a abertura de grandes minas na Rússia e China levou à queda dos seus preços. Torna-se óbvio que a economia angolana não pode contar exclusivamente com as receitas destes dois sectores uma vez que os seus preços estão actualmente a passar por um período de grande instabilidade. Assim estão a ser realizados enormes esforços para desenvolver outros sectores da economia com particular destaque para os sectores que podem reduzir a pobreza, proporcionar empregos sustentáveis e tenham um impacto social e económico.

A agricultura tem sido uma das prioridades na agenda; a indústria que não seja dependente de recursos não-renováveis continuará a ser desenvolvida; Angola está empenhada em tirar o máximo proveito dos seus grandes rios e regiões delta que podem ser represados e criar electricidade para exportar para os seus países vizinhos; também o turismo poderá ter um enorme potencial e assim por diante. Em termos simples, o futuro do país reside na diversificação da economia, o que acabará por criar riqueza e promover o desenvolvimento. Apesar de todos os desafios, os anos que se seguem para este gigante de África parecem muito promissores. Tendo consolidado a paz e a segurança, e desenvolvido a sua economia a um ritmo nunca antes visto, Angola é agora vista como um dos países mais influentes em África, e tem ganhado por esse motivo o respeito do Ocidente.

A Relação Comercial de Angola com o Mundo

Angola pode considerar-se um país abençoado por estar localizada no Golfo da Guiné, o centro geográfico dos enormes mercados do Oeste, do Sul e Centro de África. Esta localização, juntamente com os seus ricos recursos naturais, coloca o país numa posição favorável enquanto parceiro comercial, investidor, facilitador, e de facto como um líder económico na região. Existem já indicadores para que o país se torne uma superpotência e acredito que isso será alcançado organicamente. Ao longo do tempo, o país tem vindo a estabelecer relações comerciais fortes quer com os seus vizinhos, quer globalmente. Estes acordos e associações são destinados a fomentar o comércio e o investimento através da remoção de impostos e outras barreiras que iriam dificultar o comércio entre os respectivos países. Mais uma vez isso demonstra o empenho de Angola nas suas responsabilidades regionais e globais.

A relação comercial de Angola com o mundo inclui:

Associações

Comunidade para o Desenvolvimento da África Austral (SADC) – Angola

é membro activo desta organização, que foi criada para ajudar os seus membros a alcançar o desenvolvimento, o crescimento económico, a paz e a segurança na região. Uma zona de comércio livre (ZCL) entre a SADC, o Mercado Comum da África Oriental e Austral (COMESA) e a Comunidade da África Oriental (EAC) foi lançada a 10 de Junho 2015[12] para sincronizar o comércio e reduzir os impostos na região, bem como estabelecer políticas regionais de comércio, alfandegárias e de metodologia.

Angola foi um dos sete países membros da SADC que participaram nas negociações do Acordo de Parceria Económica (APE). Este protocolo visa criar um novo regime de comércio compatível com as regras da Organização Mundial do Comércio (OMC), enquanto promove a integração regional dos países de África, Caraíbas e Pacífico (ACP) (dos quais Angola é também membro) na economia mundial.

Países Africanos de Língua Oficial Portuguesa (PALOP) – Esta associação é formada pelas ex- colónias portuguesas (Angola, Moçambique, Cabo Verde, São Tomé e Príncipe, Guiné-Bissau) e Guiné Equatorial. O seu objectivo é preservar a língua comum, bem como promover o desenvolvimento da cultura, educação e outros valores comuns. Este grupo formou mais tarde a **Comunidade de Países de Língua Portuguesa (CPLP)** com Portugal, Brasil, Timor-Leste e Guiné Equatorial.

Mercosul – Angola beneficia de uma boa relação económica com este grupo do Sul composto pelo Brasil, Uruguai, Argentina, Paraguai e Venezuela. O Brasil é um dos principais exportadores para Angola.

Agência Multilateral de Garantia ao Investimento (MIGA) do Banco Mundial – Há evidência de relações crescentes entre Angola e instituições de Bretton Woods – o Fundo Monetário Internacional e o Banco Mundial.

Angola é também membro das seguintes organizações comerciais: Comunidade Económica do Estados da África Ocidental – (CEDEAO), Comunidade Económica dos Estados da África Central (CEEAC), o Grupo de Estados de África, Caraíbas e Pacífico (ACP) e ACP-CE, Organização Mundial de Comércio (OMC), Banco Africano de Desenvolvimento (AFDBG), Nações Unidas (ONU), Organização das Nações Unidas para Alimentação e Agricultura (FAO), Organização dos Países Exportadores de Petróleo (OPEP), Conferência das Nações Unidas sobre Comércio e Desenvolvimento (UNCTAD) e muitas outras organizações.

Acordos bilaterais de comércio

Angola/Namíbia – Através deste acordo assinado em 2009, os dois países criaram um comité de comércio comum para identificar sectores vitais para o comércio e investimento, bem como produtos de ambos os países que poderiam beneficiar de um tratamento preferencial. Os dois países aboliram a exigência de vistos para facilitar a livre circulação de pessoas entre eles.

Angola/China – Os dois países assinaram um acordo de comércio bilateral em 1984, e em 1988 estabeleceram uma Comissão Económica e Comercial Mista.

Angola/Israel – Os dois países assinaram um Acordo de Comércio e Cooperação Económica em 2005.

Acordo-Quadro de Comércio e Investimento (TIFA) – Embora não exista nenhum acordo bilateral entre os dois estados, os EUA consideram Angola um país crucial para os seus interesses em África. Em 2009, Angola e EUA assinaram o TIFA com o objectivo de disponibilizar um fórum para abordar questões de comércio e ajudar a promover as relações comerciais e de investimento entre os dois países. Tendo em vista o fortalecimento da sua relação, em 2010 os dois países foram mais longe e assinaram um Memorando de Entendimento, que criou um Diálogo de Parceria Estratégica Bilateral para que ficassem comprometidos com uma parceria.

Acordo de Crescimento e Oportunidades para a África (AGOA) – Angola também beneficia do Acordo AGOA, que visa promover o crescimento e o desenvolvimento económico da África através do mercado americano. O acordo proporciona a isenção fiscal para cerca de 6.000 produtos comerciais entre a África subsariana e os EUA e contempla também um fórum anual entre os EUA e a África subsariana onde ocorrem debates sobre políticas de comércio e investimento do sector privado e ONGs.

Angola é signatária de acordos de cooperação aduaneira com a República Democrática do Congo, São Tomé e Príncipe, Namíbia, Zâmbia e Portugal.

Para além dos acima mencionados, Angola tem acordos bilaterais de investimento em vigor com a Itália, Alemanha, Rússia e Cabo Verde tendo também assinado acordos com Portugal, Espanha, Reino Unido e África do Sul, mas estes não entraram ainda em vigor.

Angola tem uma relação comercial especial com a Europa. Isto deve-se em parte ao facto da UE ser o maior exportador para Angola e o seu terceiro maior parceiro comercial. Da mesma forma, Angola é o segundo parceiro comercial mais importante da UE na África austral. O país também beneficia da iniciativa "Tudo Menos Armas" que garante acesso livre de todos os produtos angolanos aos mercados da UE. Sem dúvida, Portugal leva uma grande "fatia do bolo", devido ao seu passado histórico e os estreitos laços com o país.

O país também coopera de uma forma geral com a África do Sul, México, Argentina, Canadá e Coreia do Sul.

Actividade

Assinale com um √ ou X em cada quadrado

Serão algum destes acordos relevantes para o meu negócio?

O meu negócio beneficiará de algum deles?

Será que o meu país de origem ou onde o meu negócio está registado faz parte de algum desses acordos?

Agora faça as suas anotações

Comércio e importações

A quase inexistência de produção local, fez com que Angola se tornasse muito dependente em importações para sustentar a sua economia. Consequentemente, a comercialização de produtos importados aumentou substancialmente nas últimas décadas, tendo-se traduzido num negócio bastante lucrativo. Excluindo a indústria petrolífera, esta transformou-se na principal actividade económica do país. Até à data, o comércio tem-se baseado largamente na importação de todo o tipo de produtos, nomeadamente bens de consumo, o que resultou na rápida propagação da comercialização e de redes de distribuição dentro do país. Mas a actividade desenvolveu-se de uma forma tão desconcertada, que beneficia apenas as partes envolvidas no comércio (exportadores, importadores e comerciantes) criando por sua vez um impacto negativo na sociedade. Este comércio não promove a criação de postos de trabalho nem estimula as actividades industriais ou agrícolas. O preço dos bens e as quantidades transaccionadas têm igualmente uma influência negativa no mercado com repercussões para o consumidor.

Caso Práctico
Cícero Cruz de Manuel dos Santos Angola, negócio de joias e bens de luxo

"A empresa que represento foi fundada em Portugal há mais de 20 anos, mantendo a sua actividade desde então. Recentemente abrimos uma loja em Angola, contudo os produtos que vendemos são produzidos em Portugal e depois exportados para Angola, quando na realidade podiam ser produzidos dentro do próprio país. Contudo, isso não é possível atendendo à inexistência de uma entidade reguladora que certifique os bens. Em última instância é o consumidor quem paga o preço de um bem importado, ao passo que se o mesmo fosse produzido em território angolano poderia ser comercializado por um valor inferior. Urge que Angola fortaleça as instituições existentes e crie órgãos reguladores que tenham capacidade de atestar marcas de qualidade e certificar produtos".

Com a diversificação da economia como ponto de destaque na agenda política, tem-se vindo a dar mais atenção aos sectores da agricultura, produção e indústria. Este interesse, fortalecido pela implementação de outras medidas como as isenções para projectos de investimento privado, a nova quota sobre importações, introduzida em Janeiro de 2015, e uma nova pauta aduaneira sobre importações e exportações (que aumenta os impostos sobre a importação de determinados bens de forma a proteger bens produzidos localmente), irá, naturalmente, reduzir as importações e estimular a produção.

Angola importa maquinaria, equipamento eléctrico, veículos e peças sobresselentes, farmacêuticos, alimentos, têxteis, adubos, combustíveis, bens de consumo, tecnologias de produção, bens militares e *know-how*. O país importa principalmente da Ásia (China, Índia, Indonésia, Vietname), Europa (Portugal, Espanha, Itália, Alemanha, Bélgica, França, Holanda), África (África do Sul, Namíbia e Botsuana), América do Sul (Brasil, Argentina, Chile); EUA, Canadá e México. O Instituto Nacional de Estatística de Angola reporta que em 2014, Angola importou 23,39% em maquinaria e equipamento eléctrico, 12,86% em veículos e outras peças de transportes e sobresselentes, 11,37% em metais e 9,20% em produtos agrícolas. Os principais parceiros de importação em 2014 foram Portugal, China, Singapura, e EUA.

Exportações

De acordo com o website Trading Economics[13], a balança comercial de Angola para o período 2002-2015, demonstra que Angola exporta petróleo bruto, diamantes, café, sisal e produtos à base de peixe, madeira e algodão. O INE reporta que em 2014 o produto mais exportado foi petróleo bruto, que correspondeu a 97,85% de todas as exportações. Os diamantes são o segundo produto mais exportado, e atendendo à sua qualidade, estes colocaram Angola entre os principais produtores mundiais. No entanto tem vindo a aumentar a procura de granito preto, especialmente pelos EUA e

Japão. Café, algodão, sisal, peixe e madeira são outros produtos exportados do país. Os parceiros principais para exportação foram a China, India, Espanha e Canadá. Angola exporta também peixe e frutos do mar para Espanha, Coreia, Japão e China, granito para a Europa e Japão e gás LNG para o Brasil e EUA. Na indústria petrolífera, Angola foi o primeiro país africano a exportar para a China e Índia e, mundialmente, é a quinta exportadora para os EUA. Na realidade, a China é o maior parceiro comercial de Angola e destino final de exportações bem como o quarto maior importador. A China importa principalmente petróleo bruto e diamantes e exporta maquinaria e produtos eléctricos, partes de maquinaria e material de construção. O Eximbank da China aprovou recentemente uma linha de crédito a Angola no valor de 2 biliões de dólares americanos a ser usada para a reconstrução da infra-estrutura angolana.

Até ao presente, devido ao facto de o país importar quase todos os bens necessários, sempre que uma empresa pensa em fazer negócios em Angola, a principal actividade que considera é apenas a de exportar algo para o país – incluindo produtos que poderiam ser produzidos no local. Entretanto, há sinais de mudança desta atitude.

Caso Práctico
Márcio Viegas representante comercial da empresa Kingspan – Izapoli, fornecedor de material para armazéns e fábricas.

"Esta empresa tem estado em actividade e a exportar material para a indústria de construção em Angola há muito tempo, mas com a entrada em vigor de novas leis que impõem restrições à repatriação de capital e taxas elevadas sobre importações, estamos a considerar produzir dentro do país.

Isto será bom para a empresa pois ao produzir em Angola, esta poderá expandir o negócio dentro do território".

Competitividade

O relatório do Grupo de pesquisa do Banco Mundial – *Doing Business 2015: Going beyond efficiency*[14], que apresenta indicadores quantitativos sobre regulamentos comerciais e a protecção de direitos de propriedade em relação a negócios em 189 economias, pois quarenta e sete das quais encontram-se na África subsariana, indica que em 2014 Angola se posicionou em 180º lugar e em 181º em 2015. Estes indicadores demonstram ainda que embora Angola seja um país de recursos, não está a ter um bom desempenho como deveria em termos competitivos. Estes indicadores revelam que ainda existe muito trabalho a fazer se pretender competir com outras economias. Embora isto não seja a melhor notícia, não deve ser tomada como um factor dissuasivo para empresas que queiram investir em Angola. Atrevo-me mesmo a dizer que este mau desempenho pode ser justificado pelo facto de Angola só agora estar a emergir enquanto economia estável, após uma longa e árdua guerra civil. O país realizou um progresso louvável desde o fim da guerra em 2002 e continua a criar condições para promover e facilitar o investimento privado mediante a implementação de estruturas e mecanismos para cativar aqueles que possam ajudar a economia a crescer.

O país tem muito para oferecer: uma vasta área agrícola em todo o território; tem a terceira maior reserva de água e ocupa o quarto lugar em termos de recursos hidroeléctricos em África; tem a vigésima maior reserva de peixe da região; tem recursos florestais e um clima diversificado, que permite a produção de duas colheitas anuais de cereais e o cultivo diversificado de algodão e soja; isto sem repetir o que foi citado acima sobre a quantidade e variedade de peixe nos seus rios e mar.

Exercício

Numa escala de 1 a 5, em que 1 é menos provável aumentando até 5, classifique as seguintes afirmações fazendo um círculo em redor da sua resposta:

1 – O meu conhecimento sobre o país é muito importante e constitui prioridade para mim

1   2   3   4   5

2 – A informação aqui apresentada vai ajudar-me na minha decisão em investir no país

1   2   3   4   5

3 – O meu negócio poderá ajudar o desenvolvimento e crescimento da economia angolana

1   2   3   4   5

4 – Terei em consideração as estratégias e políticas do governo

1   2   3   4   5

5 – O conhecimento sobre o país poderá abrir outras possibilidades

1   2   3   4   5

Quantos pontos?

Está pronto para o passo seguinte?

2º. Passo:

Meu Negócio – É Viável e Útil para o País?

Um investidor pode analisar os elementos quantitativos e qualitativos de um investimento, mas há um terceiro aspecto: aquilo que o seu instinto lhe diz!

Elvin O'Leary

Porquê Eu? Cinco Razões

Primeiro, Angola poderá oferecer-lhe as oportunidades que procura. Neste capítulo, apresento alguns sectores que oferecem enormes oportunidades para investir e a maior parte delas faz parte do rol de prioridades do governo. Os aspectos aqui apresentados não são exaustivos, poderá descobrir outros ou até mesmo criar as suas oportunidades.

Segundo, é provável que o seu produto, serviço ou ideia seja boa para o país. Mas ainda que o mercado ofereça oportunidades para o seu tipo de negócio, é necessário que o seu modelo comercial se coadune com os requisitos do país. Terá maiores probabilidades de sucesso se por exemplo, quiser investir numa indústria de transformação alimentar ou em ciência e tecnologia porque o país precisa realmente de investimento nesses sectores.

Terceiro, Angola é uma economia emergente e você poderá tirar partido dessa dinâmica, quer tenha já negócios em África ou deseje vir a tê-los. Conhecendo o potencial que Angola tem para oferecer e não quererá perder a oportunidade.

Quarto, Angola procura investidores éticos e responsáveis, que respeitem as regras do país, e você talvez tenha essas qualidades.

Quinto, a natureza do seu investimento irá criar empregos ou dar formação aos angolanos. Naturalmente, a par do sucesso e lucro para si, estará a contribuir para o desenvolvimento do país.

Pesquisa de Mercado e Avaliação de Risco

Faça o máximo de pesquisa que puder. A não ser que esta seja a sua área de especialidade, contrate profissionais para fazer uma prospecção de mercado e avaliação de risco sobre a viabilidade do negócio ou sector em que pensa investir. Isto é igualmente relevante se pretende apenas dedicar-se ao comércio ou à prestação de serviços. Nenhum investidor deverá iniciar um novo empreendimento a não ser que tenha feito a sua própria avaliação de `riscos. Certifique-se de que a sua avaliação faz a distinção entre o risco real e a percepção de risco, visto que a sua estratégia, a longo prazo, poderá ser afectada por um indicador errado.

Um bom trabalho de base ajudá-lo-á a preparar um plano estratégico detalhado de entrada no Mercado, o que, na minha opinião, constitui uma abordagem sensata por parte de qualquer investidor que queira garantir o retorno do seu investimento. Verifique que oportunidade oferece o país. Encontrará a seguir toda uma secção dedicada a oportunidades para investimento, se bem que, conforme já disse acima, esta lista não seja exaustiva. Certifique-se de que a sua pesquisa de mercado inclui medições qualitativas com uma combinação de indicadores macroeconómicos e indicadores indirectos. A utilização desses medidores dir-lhe-á se o seu negócio tem probabilidades de se expandir ou criar as suas próprias oportunidades, o que pode ser crucial para a sua decisão em fazer ou não negócio no país.

Resumo: Só porque o seu produto ou serviço seja procurado no país, não desconsidere a probabilidade de ter problemas. É importante que tenha um bom plano de negócios baseado na localização, em medidas qualitativas e quantitativas, perigos latentes e benefícios, bem como nas expectativas do mercado. Lembre-se também de que poderá não ser o primeiro a fazer o mesmo negócio, pelo que é igualmente importante analisar a concorrência.

Actividade

Assinale com um √ ou X em cada quadrado

Será que tenho a perícia necessária para fazer a minha própria prospecção de mercado?

Pretendo ter um plano alternativo caso a prospecção de mercado não seja satisfatória?

Agora faça as suas próprias anotações:
Faça uma lista dos factores mais relevantes a ter em consideração

Oportunidades de Investimento

Na África de hoje, reconhecemos que os pilares do desenvolvimento são o comércio e o investimento, e não a ajuda humanitária.

Paul Kagame

Angola está a sofrer uma completa transformação e as oportunidades de negócio são inúmeras. Durante muitos anos, especialmente durante a guerra civil, entraram no país muitas ONG's com o objectivo de oferecer ajuda e socorrer as populações necessitadas. Estas organizações fizeram um trabalho valioso e algumas delas continuam a fazê-lo, especialmente nas áreas rurais, removendo minas, oferecendo programas educativos e de saúde, medicamentos, sistemas de abastecimento de água e alimentos; construíram escolas, centros de saúde, etc. Mas recentemente o país passou para uma nova fase do comércio e investimento tal como diz Paul Kagame na sua citação acima.

Nesta secção, apresento os vários sectores que podem oferecer grandes oportunidades de negócio e investimento. Faço referência aos sectores vitais da economia que estão abertos ao investimento privado e necessitam de *know-how*, equipamento, maquinaria e financiamento. Alguns destes sectores tiveram no passado actividades muito produtivas e lucrativas tendo contribuído significativamente para a economia do país. Contudo, como já foi referido, todo o sistema ruiu em consequência da prolongada guerra civil e necessita de ser reactivado.

Para que possa realizar tão árdua tarefa, o país está actualmente a focar a sua atenção na diversificação da economia e na inovação de novas tecnologias. As principais áreas que necessitam de investimento privado são: a agricultura, as pescas, a silvicultura e a indústria da madeira; a restauração e construção de infra-estruturas como estradas, pontes, portos, aeroportos, caminhos-de-ferro e barragens. Necessita ainda de investimentos para o desenvolvimento da rede de abastecimento de água e electricidade por todo o país e também nos sectores das minas, minerais e siderurgia; nos transportes e comunicações; no turismo e hospitalidade; na tecnologia; na criação de novas indústrias e sobretudo nos sectores primordiais da saúde e educação.

O governo angolano tem um extenso programa para o desenvolvimento dos sectores não-petrolíferos, mas conta com a participação activa de investimento privado para estimular o crescimento nestes sectores, criar postos de trabalho e, em última análise, reduzir a pobreza.

Como exemplo, Angola procura investimento para o sector da inovação e tecnologia. A população angolana é muito jovem, tem talento, criatividade e adora tecnologia. Estes factos, em combinação com os abundantes recursos do país, podem alimentar o espírito criativo dos jovens e criar grandes inovadores.

Muitas empresas e investidores privados detectaram áreas cruciais para o desenvolvimento e estão já a fazer investimentos importantes. De acordo com os dados da recentemente extinta ANIP, no período de dez anos que decorreu de 2003 a 2013, foram aprovados 4.266 projectos de investimento privado no sector não-petrolífero. A mesma fonte indica que Angola foi considerada pela Reunião Anual para o Investimento (EAU) como tendo os terceiros melhores projectos de investimento da África subsariana. Isto evidência de que, apesar das dificuldades, Angola está na direcção certa para ser um dos países mais desenvolvidos da região.

Agricultura

À medida que procuramos uma ordem económica, menos extrativa e poluente para podermos encaixar a agricultura na economia de uma cultura sustentável, a comunidade torna-se o foco e a metáfora para a cultura e agricultura

Wes Jackson

Angola pode ser um país agrícola muito rico devido a um enorme potencial neste sector. Com o seu vasto solo fértil – 57,4 milhões de hectares, dos quais, apenas 10% é explorado. Conjugado com um clima bastante variado, chuva e vários rios, o país produz uma vasta variedade de frutas tropicais, café, sisal, milho, cereais, algodão, cana-de-açúcar, mandioca, vegetais, tabaco, plátano, pecuária e produtos florestais. No entanto, esta produção ainda e insuficiente para satisfazer o consumo interno. Urge por isso o investimento neste sector que apresenta todas as condições para o sucesso.

Antes da independência, a agricultura familiar era a vigente em Angola. Apesar disso, o país era auto-suficiente nas principais culturas alimentares e foi o celeiro da África Austral e um grande exportador de bananas, café, sisal, milho, tabaco e mandioca. Nos anos 70, Angola era um dos maiores produtores de café em África e o quarto a nível mundial. Possuía grandes plantações que produziam o café Robusta, conhecido mundialmente pelo seu excepcional sabor forte e ser de fácil crescimento. As plantações possuíam as suas próprias instalações de processamento e exportação e o café era, de facto, um negócio bastante lucrativo. O impacto da guerra civil foi de tal modo negativo neste sector que, por volta dos anos 90, Angola produzia apenas 1% menos do café que produzia em 1970. Eu tenho particular interesse pela indústria do café, porque o meu avô materno, Lucas Bravo da Rosa, foi um produtor e exportador de café bastante conhecido. A nossa Fazenda Cassuculo no Golungo Alto, na província do Kwanza Norte, ainda existe, mas já não produz café, o que é bastante lamentável. A guerra afastou a minha família e a população local da fazenda e uma grande parte da terra que outrora produziu e exportou este produto de prestígio, ficou quase sem valor nenhum. Estamos a tentar fazer renascer o Cassuculo, mas tal como muitas outras fazendas de café, é necessário um investimento substancial, um enorme empenho e muita paciência.

Após a independência, a produção de outros produtos, tais como, o tabaco, algodão e cana-de-açúcar deixou de existir por completo. A logística tornou-se incomportável, e, infelizmente, muitas fazendas e quintas foram abandonadas tendo sido, muitas delas, completamente minadas espreitando o perigo em toda a parte. A guerra foi a principal culpada tendo sido responsável pela perda da força laboral, falta de investimento, fornecimento insuficiente de produtos essenciais, máquinas obsoletas, falta de manutenção e equipamentos, mas também a má gestão contribuiu para o declínio do sector. Além do mais, não existiam serviços de apoio e facilidades de crédito. Actualmente a maioria dos produtos de consumo, incluindo aqueles em que o país foi um grande produtor no passado, são agora importados. De acordo com dados do Departamento de Agricultura dos EUA (USDA), em 2014, Angola foi o maior importador de frango em África, tendo importado 350,000 toneladas em comparação as 50,000 toneladas em 2000.

O acordo de paz em 2002 foi a grande esperança para este sector agrícola que tem tanto para oferecer. Este sector, incluindo a sua indústria e serviços que giram em torno dele, começou a recuperar com tecnologias actualizadas, embora a um ritmo lento.

Existem hoje disponíveis vários programas que encorajam a reinstalação da população nas zonas agrícolas, e oferecem-se uma variedade de incentivos, incluindo facilidades de crédito. O país está a promover o desenvolvimento integrado e sustentável da agricultura para assegurar a segurança alimentar e auto-suficiência. Os seus programas visam a promoção do agronegócio e exploração de gado leiteiro, que ajudarão a combater a pobreza. Por outro lado, irá reduzir a importação de alimentos e quem sabe se poderá vir a transformar-se num grande fornecedor da região de África e de outros mercados. Todos esses programas em conjunto com a reabilitação e construção de novas estradas de acesso para transporte e evacuação dos produtos agrícolas, está a resultar num aumento da produção agrícola, silvicultura e pecuária. Com a combinação destes esforços, Angola conseguiu reduzir para metade a fome e a desnutrição, atingindo com sucesso os objectivos do Milénio para 2015, para além de ter conseguido cumprir as exigências da Conferência Mundial sobre Alimentação de 1996, que consistia na redução da fome até 2015. Este objectivo foi reconhecido a 7 de Junho de 2015 na trigésima nona conferência da FAO em

Roma, em que Angola se destacou entre os setenta e dois países galardoados com um certificado da FAO (conforme reportado no boletim informativo da extinta ANIP, de 12 de Junho de 2015).

Apesar de todos estes esforços, os órgãos de informação, ainda noticiam sobre a fome e desnutrição como sendo a principal causa da mortalidade infantil em Angola. Claramente, o sector necessita de multiplicar os seus esforços para aumentar a produtividade, evoluindo de um sistema agrícola de subsistência para um sistema de produção orientado para o mercado, e estou convencida de que o investimento privado poderá constituir parte da solução.

- As prioridades do governo para o sector são as seguintes:
- desenvolver uma agricultura competitiva baseada na produção agrícola de pequena escala;
- relançar o sector do agronegócio;
- recuperar culturas tradicionalmente rentáveis;
- promover a irrigação para aumentar a produtividade;
- reabilitar e expandir infra-estruturas de apoio à agropecuária;
- obter a auto-suficiência e reduzir as importações;
- promover a investigação;
- criar empregos para a população, sobretudo a mais jovem

Se estiver interessado em investir neste sector encontrará oportunidades de investimento na renovação e desenvolvimento das infra-estruturas, apoio para a produção agropecuária; produção de gado, renovação e construção de sistemas de irrigação; educação técnica, formação e investigação agrária; seguro agrícola; financiamento; processamento de alimentos; fábricas, tractores e camiões; fertilizantes químicos e minerais; actualização das técnicas de produção; recuperação de solos aráveis e produção de cereais, frutas, algodão, sementes de oleaginosa, feijões, frutas, açúcar, etanol, madeira e plantação de árvores.

Aconselha-se, no entanto, que tenha em atenção que tipo de tecnologia que leva. Conforme mencionado pelo Dr. João Rodrigues Alentejo da Câmara de Comércio e Indústria de Angola na nossa entrevista, as tecnologias a serem levadas para o país nesta fase de reconstrução, especialmente em determinados sectores tais como a agricultura, não devem ser demasiado sofisticadas, caso contrário, não irão criar postos de trabalho, pois as pessoas não serão capazes de as utilizar. Para ilustrar este ponto, na conferência de Colónia na qual participei, ouvi uma história sobre uma empresa que levou equipamento eléctrico para uma zona remota num país africano onde não existia electricidade. Um erro dispendioso para a empresa e que não produziu o resultado desejado.

Marginal de Luanda - Jaimagens.com

Pesca

Dá um peixe a um homem e irás alimentá-lo durante um dia; ensina um homem a pescar e irás alimentá-lo toda a vida

Provérbio chinês

A indústria piscatória é tão atractiva e importante como a agricultura e pecuária. A extensa costa angolana com 1650 km mais a área Económica Exclusiva de 330 000 km² foram abençoadas com uma vasta abundância e significativa diversidade de espécies marinhas. A costa possui duas correntes em tudo opostas, a corrente quente do norte e a corrente fria do sul, conhecida como corrente de Benguela. Estas correntes criam as condições ideais para um ecossistema bastante produtivo de espécies marinhas e, como consequência, zonas de pesca. O peixe de Angola é apreciado por amantes de peixe devido a estas condições.

A predominância de atum, sardinha, carapau, garoupa, corvina e marisco, representam apenas algumas das espécies que enriquecem as águas angolanas. Adicionalmente às espécies marinhas, as águas continentais do país incluem rios, lagos e lagoas que oferecem também abundantes espécies de peixe, tais como o cacusso, peixe-gato e camarões de água doce. O cacusso e o peixe-gato podem ser produzidos em viveiros de peixes industriais ou não industriais. Angola lançou recentemente o seu primeiro projecto de viveiros de peixes em Mucoso, na província do Kwanza Norte em Abril de 2014. O objectivo principal é desenvolver variedades de peixes de água doce, bem como formar especialistas e investigadores em aquacultura para projectos futuros.

O país tem também encorajado o desenvolvimento de viveiros de peixes não industriais o que irá garantir a segurança alimentar e ao mesmo tempo resultará no combate à pobreza através do aumento dos rendimentos das famílias, auto-suficiência, lucros para as cooperativas, criação de empregos e riqueza nacional.

Os navios estrangeiros não podem pescar em Angola, excepto em concessões e empreendimentos conjuntos, o que se tornou um hábito. Para fazer face à pesca ilegal, dois navios de protecção e de pesquisa de peixe e um novo navio de pesquisa científica, têm estado a operar desde Abril de 2014. Estes navios irão reforçar a capacidade de Angola em controlar e inspecionar as pescas, bem como proteger os recursos piscatórios, agindo também como navios de salvamento.

A pesca artesanal é outra actividade piscatória importante e representa 30% do total da indústria piscatória do país[15]. Esta actividade estabeleceu há muito tempo, a sua presença pelo país e sobreviveu a todas as mudanças políticas e sócio-económicas.

O peixe é um dos alimentos preferidos da população (85% do peixe produzido é consumido localmente) e na realidade, um terço da proteína animal de Angola vem do peixe. Com tal abundância de peixe e marisco nas águas angolanas, a indústria está prestes a experimentar um grande desenvolvimento e rápido crescimento, enquanto alimenta todo o país. A indústria piscatória é tão importante que recebeu atenção especial dos programas do governo e foi incluída no PND 2013-2017 como um sector prioritário para o desenvolvimento de uma pesca sustentável e competitiva. Assim, realizou-se pela primeira vez em Novembro de 2014 uma Feira Internacional de Pesca e Aquacultura (FIP Angola). Esta Feira teve como objectivo promover a qualidade dos produtos de pesca, demonstrar métodos de manutenção, facilitar a troca de experiências e encorajar a inovação e tecnologia no sector. A Feira atraiu a atenção de vários países, tais como Portugal, África do Sul, Brasil, Rússia, Mauritânia, Gana, Noruega, Nigéria, Espanha, Alemanha, Marrocos, EUA, China, Índia, Japão e Vietname.

Existem oportunidades para investimento privado em todos os sectores da indústria que se relacionam com a pesca, criação de viveiros, áreas de processamento e de transformação, tais como congelação, produção de conservas e peixe seco, farinha de peixe, extração de sal ionizado, construção, reparação e manutenção de navios e barcos, camiões para armazenamento em frio e congelado, comércio de materiais de pesca e outras actividades relacionadas.

Actividade

Assinale com um √ ou X em cada quadrado

O meu negócio está relacionado com a agricultura e/ou indústria pesqueira?

Pretendo causar impacto com o meu produto/serviço?

É uma visão a longo ou curto prazo?

Faça as suas notas:
Se investir num destes sectores, faça uma lista dos lugares por onde iria começar

Energia

> *As energias renováveis geram mais fontes de emprego do que outras fontes do sector energético - a maioria deles serão criados no difícil sector de produção, que será o pioneiro do novo futuro energético, através de investimentos que permitam aos fabricantes renovarem as suas ferramentas e adoptarem novos métodos e tecnologias*
>
> Jay Inslee

A energia eléctrica tem constituído um dos maiores desafios do país desde a sua independência em 1975. Os constantes cortes de energia causam perturbações nos negócios e no dia-a-dia dos cidadãos. Isso talvez se deva ao facto do sector energético ter sido gravemente afectado pela deterioração das suas infra-estruturas, e pela manutenção inexistente ou ineficiente. Contribui ainda para essa perturbação a escassez de trabalhadores qualificados, falta de formação, investimentos insuficientes, assim como a falta de um sistema de tarifas e cobrança de receitas eficientes. O desenvolvimento do país é certamente comprometido pelo seu sistema de electricidade disfuncional, facto que desaponta muito o consumidor final. De acordo com as informações no site do *World Bank* no período de 2011-2015, apenas 37% da população tem acesso à electricidade.

Consequentemente, o carvão tradicional (biomassa sólida) ainda é fortemente utilizado, especialmente nas áreas rurais. Os negócios também têm sido afectados, ao ponto de alguns investimentos, particularmente no sector de produção, não terem tido o sucesso desejado devido ao fornecimento ineficiente de energia.

Entretanto, existe alguma luz no fundo do túnel como foi indicado pelo Ministro da Energia e Águas, João Borges na primeira reunião com a pré-estabelecida Câmara de Comércio e Indústria do Reino Unido em Londres a 21 de Janeiro de 2015, na qual participaram várias empresas. De acordo com o mesmo, o governo lançou um desafio e promete que em 2015, 60% da população terá acesso à electricidade.

O país comprometeu-se a investir nas energias renováveis e em painéis solares, e está à procura de fontes alternativas, tendo em conta os desafios apresentados pelas alterações climatéricas.

Caso Práctico
Carlos Alberto Cardoso Fontes, fundador do CCJ, Cardoso e João Construções Lda – uma empresa de construção sediada em Benguela.

"Os cortes constantes de energia foram extremamente perturbadores para o nosso negócio, causando muitos atrasos e perdas de dinheiro. O problema só foi solucionado quando decidi instalar um grupo de geradores de energia de alta capacidade para suportar o nosso projecto de construção de 220 habitações de luxo e oitenta e sete apartamentos. Isto aconteceu mesmo antes dos trabalhos de construção terem começado, de forma a prevenir quaisquer perturbações nos nossos projectos. Naturalmente, os custos de produção aumentaram, e consequentemente o preço do produto final para o consumidor, assim como a poluição ambiental. Mas esta foi a opção mais segura, que nos irá permitir entregar o nosso projecto dentro do prazo estabelecido".

Esta foi a realidade durante um longo período de tempo, apesar dos vastos recursos de energia hidroeléctrica que o país possui e que excedem as suas necessidades eléctricas actuais.

A electricidade em Angola é maioritariamente produzida por via hidroeléctrica. Vários rios enormes e poderosos que atravessam o país beneficiam de uma elevada quantidade de precipitação, tornando Angola numa grande potência no que toca à geração de electricidade, capaz de fornecer energia ao país inteiro, e de exportá--la para outras regiões. Consciente deste potencial, em 1991 o governo assinou um acordo internacional para desenvolver uma central de energia hidroelétrica na sua fronteira com a Namíbia. Angola possui seis barragens principais, nomeadamente Cambambe no Rio Kwanza, província do Kwanza Norte, Biópio e Lomaum no Rio Catumbela, província de Benguela, Matala no Rio Cunene, província do Cunene, Mabubas no Rio Dande, província do Bengo e Luachimo no Rio Luachimo, província da Lunda Norte.

No entanto, apenas três delas, Cambambe, Biópio e Matala se encontram em funcionamento. De 2002 a 2013, foram reabilitadas cinco barragens, nomeadamente a das Mabubas, Gove, Matala, Lomaum e Capanda. Duas novas barragens, Qalueque nas Quedas do Ruacana no Cunene, e Laúca no Rio Kwanza no Kwanza Norte encontram-se em construção.

Encontra-se também em construção no Rio Cunene, uma barragem partilhada entre Angola e a Namíbia, a barragem hidroeléctrica de Baynes, e espera-se que a electricidade gerada por este ambicioso projecto produza 600 megawatts e seja exportada para outros países da região.

A electricidade do país compreende três áreas principais, nomeadamente a produção, a distribuição e a transmissão. A produção é gerida pela Empresa de Produção Eléctrica Pública (PRODEL); a distribuição é gerida pela Empresa Nacional de Distribuição Eléctrica (NSDS) e a transmissão é gerida pela Rede Nacional de Eletricidade (NTS). A última é totalmente controlada pelo governo, por isso, não se encontra disponível ao investimento privado.

Com o desenvolvimento sócio-económico do país, existe uma certa urgência em melhorar a qualidade do fornecimento de energia. Neste sentido, foram criados os seguintes programas como prioridade nacional, para prestar o serviço de consumo requerido pela construção e desenvolvimento do país:

- Programa de restauração e expansão das redes de distribuição eléctrica que tem como objectivo a restauração e expansão da rede nacional de transporte e distribuição de electricidade.
- Programa nacional de electrificação que tem como objectivo assegurar a conclusão da restauração e das actividades de desenvolvimento. Visa ainda a construção de duas pequenas centrais hidráulicas, e a restauração e expansão das redes de iluminação pública nas áreas rurais.
- Programa pré-estabelecido pelo governo com o objectivo muito ambicioso de construir, até 2015, mais de 2.500 quilómetros de

linhas e várias sub-estações, assim como fazer interligações internacionais para transporte de electricidade.

• Programa de restabelecimento da rede de distribuição que também está a ser submetida a uma enorme restauração e expansão, sendo o plano do governo quadruplicar a capacidade actual, de 2.000 MW para 9.500 MW até 2025[16].

O governo angolano atribuiu 23 mil milhões de USD para investimento em projectos relacionados com a água e electricidade, e procura investidores privados ousados, dispostos a aceitar o desafio. Existem numerosas oportunidades de investimento em várias áreas, tais como o restauro e a construção de centrais hidroeléctricas e outras infra-estruturas; restauro e expansão das redes de distribuição nas áreas urbanas, pré-urbanas, e rurais; educação e formação; produção de materiais eléctricos; desenvolvimento ou melhoramento de um sistema de tarifas mais eficiente; desenvolvimento da rede nacional de transportes e de um sistema de transporte de energia. Tal como encorajado pelo Ministro da Energia na reunião com a Câmara anteriormente mencionada, a queda do preço do petróleo teve um impacto na economia, mas os investimentos podem ser levados a cabo através de PPP's.

Água

Em todo o mundo a água é vista como tão preciosa como a própria vida

Nelson Mandela

Angola é um país abundante em recursos hídricos como foi referido anteriormente e é afortunada em ser o berço de muitos rios importantes e por ter uma precipitação frequente em quase todo o território. No entanto, o acesso à água potável ainda é um luxo para muitos, tanto nas áreas urbanas como nas rurais. Há muita gente que não vê água a correr nas suas torneiras há muito tempo, outros resolveram o problema através da instalação de tanques e bombas de água, nos terraços, garagens, quintais, ou onde quer que encontrassem um espaço livre. A indústria tem tido muitas dificuldades em funcionar devido à escassez de água. Motivada pelas deficientes infra-estruturas, algumas fábricas têm sobrevivido graças a indivíduos que viram este problema como uma oportunidade de negócio, apostando na venda de água em tanques-cisterna que surgiram com métodos alternativos para superar a falha. Estes compraram camiões de água, construíram grandes reservatórios e começaram a fornecer água às residências e indústrias. Situações destas tornaram-se a norma em vez de ser a alternativa. No entanto, só os que tivessem capacidade financeira poderiam instalar tais sistemas.

A água que o antílope bebe é bebida com o seu casco
Provérbio Bakongo

Angola está a desenvolver políticas eficientes para a utilização e distribuição de água, assim como programas de higiene e saneamento. Essas políticas asseguram a estabilidade e o desenvolvimento da economia do país através da melhoria da qualidade de vida da população e consequente redução da pobreza. Também contribuem para o desenvolvimento da agricultura e para a criação de gado, verificando-se um aumento dos níveis de produção nas áreas junto aos rios, ou nos lugares onde a precipitação seja abundante. Esta política proporcionou o aumento das actividades industriais, que, por sua vez, ajudam a reduzir as importações, e consequentemente o preço dos bens. Também o sector do turismo se encontra de várias formas, bastante dependente do fornecimento de água sendo por esse motivo muito importante a continuação dessas políticas. A título de exemplo, não consigo imaginar um turista a visitar as Quedas de Calandula ou o Parque Nacional da Quissama, por exemplo, se o hotel mais próximo não tiver água para tomar banho depois de um dia de passeios turísticos.

Um estudo da UNICEF afirma que Angola se encontra no bom caminho em direcção aos objectivos do Milenium (MDG) para o fornecimento de água, no entanto, é pouco provável que em relação ao saneamento, estes objectivos sejam alcançados até 2015. Notícias da Angop revelam que o Secretário de Estado da Água, Luis Felipe da Silva, afirmou, no sétimo Fórum Mundial da Água (WWF), em Abril de 2015, que Angola iria investir 500 mil milhões de Kz apenas no sector da água.

Dada a sua importância, e o seu impacto sócio-económico e ambiental, o sector da água foi colocado na lista de áreas de desenvolvimento prioritário. Para atingir estes objectivos, foram criados três projectos principais:

1 - Água para Todos – um projecto muito importante e ambicioso, gerido pelos Ministérios da Indústria, Ambiente, Saúde, Agricultura e Desenvolvimento Rural, coordenado pelo Ministério da Energia e Águas. O projecto, que teve início em 2009, tem como objectivo o fornecimento de água potável numa base regular a 100% da população nas áreas urbanas, e a 80% da população nas áreas rurais até 2020. O projecto, que está a ser implementado em duas fases, já gerou alguns resultados: em 2013, foram construídos 364 novos postos de água e 162 pequenos sistemas de fornecimento de água, os quais irão beneficiar 7 milhões de pessoas, alcançando assim mais de 50% daquilo que se propôs; em 2014, foram construídos 250 postos de água e 164 pequenos sistemas de fornecimento, levando a uma acumulação total de 2.570 pontos de água e 802 pequenos sistemas de fornecimento. Esta informação foi dada pelo Ministro da Energia e Águas, João Baptista Borges, na reunião para a Fixação do Programa Água para Todos em Luanda, em Abril de 2015. Com a construção dos novos postos e sistemas de fornecimento de água agora construídos, os níveis de fornecimento do país aumentaram consideravelmente, particularmente nos subúrbios e zonas rurais.

2 - Reabilitação e Expansão dos Sistemas de Água e Saneamento Urbano – Tem como objectivo assegurar a disponibilidade de água potável em condições ambientais sustentáveis, tanto nas áreas urbanas como rurais onde exista uma maior densidade populacional.

3 – Programa Nacional Estratégico para a Água (PNEA) – Instrumento prático para análise criteriosa do sector, sendo de carácter generalista e abrangente por forma a garantir a necessária adaptabilidade às especificidades das várias regiões do país. Tem como objectivo a preparação de uma série de investimentos, que permita uma gestão equilibrada e sustentada das diversas áreas do sector.

O sector oferece imensas oportunidades de investimento na construção e reconstrução de infraestruturas, incluindo pequenos sistemas e pontos de fornecimento de água; sistemas de higiene e saneamento; ciência e tecnologia; formação e desenvolvimento de competências técnicas.

Infra-estruturas

> *Temos de parar de pensar nas infra-estruturas como um estimulador económico, e começar a pensar nelas como uma estratégia. Os estimuladores económicos produzem pontes que não levam a lado nenhum. O investimento estratégico em infra-estruturas produz uma base para o crescimento a longo prazo*
>
> Roger McNamee

Antes da independência, Angola possuía infra-estruturas bem desenvolvidas em quase todos os sectores da economia. O país estava a desenvolver-se de acordo com os padrões europeus, uma vez que os colonizadores portugueses visionaram o potencial económico do país para suportar o império. Boas auto-estradas a ligar o país, apoiavam a indústria de transportes, agricultura, produção, turismo, assim como comércio. Ainda me lembro de histórias sobre ralis de carros, em que concorrentes e fãs atravessavam o país de carro para participar; cidades com edifícios modernos e habitações sólidas, com fornecimento regular de energia, os sistemas de água e saneamento a funcionarem normalmente, mesmo até nalgumas zonas de subúrbio; havia fábricas de vários tipos espalhadas pelo país, fazendo uso dos recursos naturais; várias barragens foram construídas, e desenvolvidas infra-estruturas principalmente para as indústrias mineira e petrolífera. Existia também um sector turístico em crescimento, com atracções a serem desenvolvidas em todo o país.

Mas infelizmente essas infra-estruturas foram completamente destruídas pela guerra civil, e pela resultante falta de reparação e manutenção.

Com a implementação da paz, o país assumiu com seriedade a tarefa de reconstrução, engajando-se activamente na sua remodelação em grande escala. O sector das infraestruturas também faz parte da lista de prioridades do governo, e como tal foram já feitos grandes progressos na restauração e construção de estradas, caminhos-de-ferro, pontes, aeroportos, portos e projectos de habitação. Os sectores dos transportes e da habitação, foram os que mais beneficiaram e isso é evidente até para o observador menos atento. De qualquer modo, este trabalho está longe de ser conclusivo, existem ainda muitos desafios futuros que requerem um compromisso sustentado. Estes desafios oferecem imensas oportunidades ao investimento privado na construção e reabilitação de infraestruturas em todo o pais.

Habitação/Construção

Desde 2002 que Angola tem estado a desenvolver uma das maiores infraestruturas de habitação alguma vez concebidas no país.

Com a independência e subsequente guerra civil, muitas pessoas abandonaram o país deixando as suas propriedades para trás. Outros não tiveram outra alternativa senão abandonar as áreas rurais e irem para as cidades, ocupando qualquer espaço que encontrassem, mesmo em edifícios inacabados ou devolutos. Em muitos casos, dez ou mais pessoas, por vezes três gerações da mesma família, encontravam-se a viver no mesmo apartamento com apenas dois quartos. Esta sobrepopulação levou a situação a um ponto tal de rutura, que passou a existir insuficiência de água e electricidade, o saneamento deixou de suportar um número elevado de pessoas, em muitos casos a viver em apartamentos preparados apenas para duas ou quatros pessoas. Como consequência, o sistema habitacional entrou em colapso absoluto. A acrescentar a tudo isto, há ainda o facto de muitas casas e edifícios terem sido destruídos pela guerra, alguns pelados com buracos de balas na parede, como se fossem elementos decorativos; as escadas e elevadores partiram-se ou foram destruídas, e como já referido, muitos edifícios não tinham água nem electricidade. Eu vivi durante catorze anos no nono andar de um edifício sem elevador. Felizmente as escadas e os corrimãos não estavam muito danificados, embora apresentassem um desafio principalmente se tivesse que carregar algo, mesmo a minha carteira ao ombro. Ainda assim, não creio que me pudesse queixar, pois existiam edifícios em condições muito piores.

A inexistência de reparação e manutenção das canalizações municipais fez com que a água deixasse de correr nas torneiras, a canalização tornou-se obsoleta e as casas degradaram-se. Aqueles que financeiramente podiam pagar não tiveram opção senão encontrar formas alternativas, tais como a instalação de bombas de água e geradores de electricidade. No entanto, estes passaram a expor-se e a viver junto a uma poluição excessiva, correndo muitas vezes risco de vida com acidentes ao tentarem abastecer ou a reparar os geradores de energia. O sector da habitação encontrava-se num caos total, tendo sido as províncias do Bié, Huambo, Luanda e Benguela as que mais sofreram.

Com a esperança de paz, uma das prioridades do governo foi criar incentivos para encorajar as pessoas deslocadas a regressar às suas zonas de origem. O governo estabeleceu também programas para eliminação de infraestruturas deficientes através da construção e reabilitação de residências, e forneceu facilidades de crédito aos locais para encorajar a compra de imóveis a preços abaixo do mercado. Estão a ser construídas novas cidades, condomínios e habitações sociais; Estão ainda previstos projetos para construção de uma prisão na cidade do Cunene, uma fábrica de casas pré-fabricadas na província da Huíla, entre outros.

Assim como a habitação, também durante a guerra, as pontes e barragens sofreram de forma drástica. Um bom número de pontes que atravessavam vários rios em todo o país foi destruído ou bastante danificado. Algumas já foram restauradas, e outras estão a ser construídas.

A habitação e a construção civil oferecem um elevado número de oportunidades de negócio para investimento estrangeiro privado no que diz respeito à construção de novas habitações, cidades, centros comerciais, projectos arquitectónicos etc. A nova lei requer que os investidores estrangeiros, num desses sectores, estabeleçam parcerias com cidadãos nacionais, abrindo assim oportunidades de negócios com empresas locais de arquitectura, produção de materiais de construção entre outras, para além de poderem também investir em novas tecnologias, know-how, formação, recursos técnicos e financiamento.

Actividade

Assinale com um √ ou X em cada quadrado

Irei investir em infra-estruturas?

Em que tipo de infra-estruturas irei investir, no sector da habitação ou na construção?

Notas
Caso pretenda investir num destes sectores, escreva a sua visão e possíveis resultados do ponto de vista empresarial

Transportes

Uma sociedade suficientemente sofisticada para produzir um motor de combustão interna, não possui a sofisticação para desenvolver transportes públicos económicos e eficientes? Sim, senhor...é verdade. Mal existem autocarros, os comboios são muito mal financiados, e consequentemente toda a população fica presa no trânsito
Ben Elton, Gridlock

Angola tem aproximadamente 76.626 quilómetros de vias rápidas e 73.000 quilómetros de estradas, das quais 24.000 quilómetros perfazem a rede principal. Possui ainda três linhas de caminhos-de-ferro importantes e a ligação com a África Central é estabelecida através do caminho-de-ferro CFB (Caminho de Ferro de Benguela) e o Porto do Lobito. Tem 1.295 quilómetros de águas navegáveis, cinco portos marítimos, e liga a África Ocidental, Europa e a América do Sul através do Oceano Atlântico. Angola tem dezoito aeroportos, quatro dos quais são internacionais.

Tal como a habitação, o sector dos transportes foi igualmente destruído pela guerra, pelo uso e pela falta de manutenção. De facto, este sector foi um dos que mais sofreu os efeitos da guerra civil. A berma das estradas invadidas pelo lixo, asfalto partido e cheio de buracos por todo o lado. Com a falta de iluminação e de sinais, e veículos acidentados pelo caminho, viajar por estrada era quase uma odisseia. A dada altura nenhum carro conseguia viajar de uma província para outra, porque havia o risco iminente de ser emboscado e os seus ocupantes mortos.

A paz alcançada em 2002, também se traduziu em paz nas estradas angolanas, e devido à sua importância, a rede de transportes públicos passou a constar da lista de prioridades do governo. Foi-lhe assim atribuído um programa de desenvolvimento prioritário, não só por necessitar de atenção urgente mas também por ter o potencial para se tornar um sector de destaque na economia Africana.

Com um grande investimento público e privado toda a rede de transportes e infra-estruturas, que inclui aeroportos, redes de estradas, estão a ser restauradas e modernizadas. Como resultado tem-se já assistido ao movimento normal de pessoas e bens no país, acompanhado de uma certa actividade comercial. Todo o restauro de infra-estruturas irá naturalmente estimular a economia, e consequentemente contribuir para o crescimento económico.

Vias terrestres

Angola é um bonito país para se viajar por estrada. Actualmente muita gente prefere esta opção por ser mais económica e divertida. A capital encontra-se ligada ao interior através de estradas principais que atravessam o país de norte a sul, e de este a oeste. Existem estradas até às fronteiras de todos os países vizinhos, e uma diversa rede de estradas secundárias ao longo do interior.

Nos últimos anos, a capital, Luanda, tem sido assolada por um trânsito muito intenso, que tem um impacto negativo no funcionamento normal da cidade. Este é o resultado directo de uma rede de transportes públicos ineficiente e tão pobre que inevitavelmente incentivava a população a conduzir em veículos próprios.

A citação de Ben Elton acima é uma reflexão perfeita à realidade actual da capital. Existem tantos carros que as ruas já não têm capacidade para os suportar, mesmo com as estradas alternativas recentemente construídas.

A TCUL é a empresa de autocarros nacional, no entanto não consegue fazer face à demanda devido à falta de autocarros, rotas não confiáveis e gestão questionável dos mesmos. Durante a guerra civil, e com a carência transportes públicos, surgiram no país dois sistemas de transporte completamente novos, os candongueiros e os kupapatas. Estes desempenham ainda um papel muito importante na sociedade por se terem tornado numa alternativa principalmente para as pessoas que têm rendimentos baixos.

No entanto actualmente, têm estado a surgir novas empresas de longo curso, para transporte de bens e pessoas, entre as províncias, embora fossem mais sejam necessárias muitos mais para fazer face à procura. Têm também surgido novas empresas de táxis a prestarem serviços fiáveis e a preços razoáveis.

No entanto, de forma a funcionar na sua plenitude, o país precisa de autocarros e de mais empresas privadas de transportes, de pessoas e de mercadorias para facilitar o escoamento e distribuição de bens no país, principalmente das zonas rurais para as cidades. Este sector dos transportes pode afigurar-se como uma boa oportunidade de investimento.

Vias ferroviárias

Em Angola existem três empresas de caminho-de-ferro diferentes e independentes entre si que cobrem o país inteiro e vão para além fronteiras. A linha de caminho-de-ferro de Luanda CFL serve o Norte e tem uma faixa de comprimento total de 455 km. Estende-se de Luanda até à província de Malanje, fazendo paragens em outras cinco pequenas localidades. A linha de caminho-de-ferro de Benguela CFB abrange a parte Central e tem a maior faixa de comprimento: 1.399 km. Esta parte da cidade do Lobito, na província de Benguela e vai até à Zâmbia, atravessando a República Democrática do Congo e a República do Congo. A linha de caminho-de-ferro de Moçâmedes CFM, tem uma faixa de comprimento de 748 km e parte da cidade do Namibe até a cidade de Menongue, na província do Kuando Kubango, passando por outras quatro localidades.

As redes de caminho-de-ferro em Angola não escaparam aos efeitos da guerra civil, principalmente o CFB. Como parte do programa de desenvolvimento, durante o período de 10 anos entre 2002 a 2012 foi restaurada uma extensão de 2.000 km de linhas de caminho-de-ferro e novos comboios foram comprados a rede ferroviária voltou a finalmente a funcionar.

Existem planos para extensão e construção de novas linhas de caminho-de-ferro em Angola, tais como:

- Uma nova linha – caminho-de-ferro do Congo, com uma extensão de 950 km, de Luanda ao Congo e RDC. Esta faráa ligação com a linha ferroviária de Congo Brazavile.
- Extensão do CFB com ligação a Zâmbia. O projecto tem por finalidade expandir a linha do CFB em Luacano com 306 km para ligar à nova mina em Lumwana na Zâmbia.
- Extensão do CFM com ligação a Namíbia. Com uma expansão de 343 km, terá início no Cuvango fazendo depois a ligação com a linha de caminho-de-ferro da Namíbia, entre Tsumeb e Oshikango.
- Extensão da linha CFL até Saurimo. Com uma extensão de 527 km de linha que se estenderá para além da província de Malange até à província de Lunda Sul.

A rede ferroviária é um recurso muito importante para o crescimento económico do país, especialmente para a população que reside em áreas mais remotas e que prefere viajar de comboio do que de autocarro ou avião. É muito mais económico e permite à população transportar as suas mercadorias com poucas restrições. Permite também uma comunicação eficiente entre Angola e os países vizinhos, facilitando o comércio entre eles; é comercialmente importante para o transporte de mercadorias a partir dos portos, por essa razão as três linhas de caminhos-de-ferro começam nas cidades com portos; isto favorece todos os sectores económicos, principalmente a agricultura, mineração e indústrias de petróleo.

A rede de caminho-de-ferro oferece várias oportunidades para o investimento privado. Tal como acima expresso, existem projectos para a construção de novas linhas e extensão das existentes o que, inevitavelmente, exigirá uma forma de investimento. É portanto necessário financiamento para o projecto de extensão dessas linhas, tanto a nível nacional como internacional, para o estabelecimento de novos pontos de ligação, para a separação das operações comerciais das redes de caminho-de-ferro, investimentos em equipamento e recursos técnicos.

Via marítima

O transporte marítimo sobreviveu aos grandes desafios do país tendo apoiado substancialmente o comércio externo e como tal contribuído positivamente para a economia angolana. A maior parte das importações e exportações têm sido efectuadas por via marítima. Existem três portos comerciais internacionais nomeadamente, Luanda, Lobito e Namibe e três portos secundários, Cabinda, Soyo e Porto Amboim. Actualmente está em construção um novo porto no Dande, província do Bengo e o porto do Lobito está a ser submetido a uma grande modernização infraestrutural. Existem também outros portos mais pequenos principalmente para pesca e equipamento de extracção de petróleo. Várias empresas de transporte marítimo operam no país como a Cabotang, Angonave, Secil Marítima, Empromar e a NDS. Recentemente começou a funcionar um novo serviço de passageiros entre Talatona e Luanda o que irá descongestionar o tráfego rodoviário, mas prevê-se para breve a extensão deste serviço para o Cacuaco, Cabinda e outras províncias.

Angola tem ligações por via marítima com a República do Congo, República Democrática do Congo, Namíbia, África do Sul, Europa, América do Sul e EUA.

No entanto todo o potencial dos vastos recursos hídricos está ainda por ser explorado no seu máximo, não só para transporte fluvial mas também para o turismo.

Se estiver interessado em investir no sector marítimo encontrará inúmeras oportunidades na restauração e actualização dos portos já existentes e construção de novos portos, na criação de serviços de novos navios de passageiros e de cruzeiros turísticos, construção naval e fabrico de barcos mais pequenos, equipamentos e materiais marítimos, segurança, vigilância e sinalização marítima, formação e recursos técnicos.

Linha aérea angolana TAAG - Jaimagens.com

Via aérea

A indústria aeronáutica manteve-se razoavelmente intacta, tendo escapado a destruição que assolou o país. Na realidade, esta indústria desenvolveu-se ao longo dos anos, ainda que durante a guerra civil tenha restringido o seu funcionamento em algumas províncias de Angola.

A TAAG é a companhia aérea estatal angolana, da qual me sinto orgulhosa por a ter servido, como assistente de bordo, durante muitos anos. A empresa tem voos para quase todas as províncias do país. Porém, os voos domésticos também beneficiam de novas empresas privadas que surgiram nas últimas duas décadas e que também voam para várias províncias, preenchendo as lacunas ou talvez complementando os voos da TAAG. Para além destes voos internos a TAAG tem vários voos internacionais: em África, voa para Maputo, São Tomé, Cabo Verde, Kinshasa, Brazzaville, Cidade do Cabo, Joanesburgo, Windhoek, Harare, Douala e Bangui e partilha voos com a Kenya Airways, Air Morocco e Ethiopian Airlines; na Europa, a TAAG voa para Lisboa e Porto e também partilha voos com a Brussels Airlines, KLM, Lufthansa, Air France, Iberia e British Airways; na América do Sul voa para o Rio de Janeiro e São Paulo; na América Central voa para Havana e na Ásia voa para Pequim.

Várias companhias aéreas internacionais voam regularmente para Angola, nomeadamente a British Airways, Ethiopian Airlines, Brussels Airlines, Iberia, TAP, Emirates, Air Morocco, Lufthansa, KLM, Air France, South African Airways e a Air Namibia. A SonAir, um empreendimento da companhia nacional de petróleo, Sonangol, tem um serviço fretado de Luanda para Houston, que serve principalmente a indústria petrolífera.

Todas as províncias têm um aeroporto doméstico. Os aeroportos internacionais estão localizados em Luanda, Catumbela, Soyo e Lubango e todos eles foram recentemente renovados. Actualmente, está a ser construído um novo aeroporto internacional em Luanda, com uma área de 1.324 hectares e com capacidade anual para 13 milhões de passageiros. A sua finalização e abertura está prevista para 2017. Este projecto foi criado no âmbito do desenvolvimento do país e da criação de novas infraestruturas para atrair investimentos e turismo.

A indústria aeronáutica estabeleceu algumas prioridades como a abertura de novas rotas internacionais, o reforço das operações domésticas e a protecção e segurança de todos os aeroportos. Para que estas prioridades sejam concretizadas, esta indústria conta com investimento em *know-how*, desenvolvimento de capacidades e formação de recursos humanos em todas as áreas incluindo manutenção e gestão, fornecimento de equipamentos e serviços, inovação e tecnologia.

Actividade

Assinale com um √ ou X em cada quadrado

Penso investir no sector dos transportes?

O sucesso do meu negócio irá depender deste sector?

Tenho algum plano estratégico para eliminar qualquer dificuldade que possa surgir enquanto investidor no sector ou utilizador dos serviços?

Notas:
Anote também as suas preocupações como potencial utente desses serviços

Telecomunicações

O governo deve considerar o investimento em banda larga como uma prioridade nacional pelo facto de que o acesso por todos à banda larga cria oportunidades para o desenvolvimento da economia que, caso contrário, não estariam disponíveis

Vint Cerf

No mundo de hoje, não creio que seja possível imaginar o crescimento de qualquer economia sem um sistema de telecomunicações eficiente. Por exemplo, muitas reuniões de negócios realizam-se pelo telefone ou facetime, teleconferências pelo Skype, viber, WhatsApp, enfim... a distância já não é uma barreira para o negócio ou investimento e Angola nunca esteve tão perto do mundo exterior, graças à sua rede de telecomunicações renovada. Dada a sua importância, o sistema de telecomunicações, também gravemente afectado pela guerra civil, é hoje considerado um dos principais sectores estratégicos em Angola. A reabilitação e modernização das infra-estruturas está a ocorrer a nível de toda a indústria em conformidade com os objectivos de desenvolvimento do país.

Uma rede de cabo de fibra óptica será implementada nas principais cidades do país, o que irá melhorar consideravelmente a recepção da Internet. Está também a ser realizado um outro projecto ainda mais ambicioso, o primeiro cabo submarino de fibra óptica, South Atlantic Cable System (SACS), que irá ligar Angola ao Brasil, e espera-se que o mesmo esteja operacional em 2016. Segundo o Director-Executivo da Angola Cables, António Nunes, o objectivo é transformar Angola numa plataforma continental, melhorando assim a ligação à Internet quer a nível nacional como internacionalmente. Este sistema submarino é uma das rotas mais inovadoras e exclusivas na indústria de cabos submarinos, o que permitirá a transmissão de dados entre Angola e outros países de África para a América Latina e do Norte o que incentivará o comércio internacional e o crescimento económico em ambos os continentes.

O primeiro satélite angolano AngoSat-1, tem como parceiro uma empresa russa e prevê-se o lançamento em órbita em 2017, onde deverá permanecer por 15 anos. Este satélite representa um grande desenvolvimento da indústria uma vez que irá garantir as comunicações em todo o país e irá proporcionar um serviço digital para substituir o sistema analógico actual permitindo assim uma grande melhoria no funcionamento das operadoras de telecomunicações, bem como de televisão, Internet, banda larga e operadores electrónicos governamentais. Este projecto colocará Angola como um dos líderes dos países africanos em comunicações.

Os serviços de telemóvel e Internet são fornecidos por duas operadoras de rede móvel, a Unitel e a Movicel. Em 2014 aproximadamente 14 milhões de pessoas em Angola (67% da população) possuía um telemóvel dos quais 3 milhões tinham acesso à Internet através de redes móveis com banda larga móvel 3G e 4G. Um exemplo claro do uso generalizado da Internet é o lançamento dos projectos de escolas móveis (um desses projectos tem envolvida a empresa de tecnologia Samsung) e os protótipos que divulgaram o uso de tecnologias de informação e comunicação e Internet usando energia solar. Estas actividades estão a decorrer nas províncias de Luanda e da Huíla, com a participação do Ministério da Ciência e Tecnologia, Ministério das Comunicações e Tecnologia de Informação e Universidade Mandume Ya Ndemufayo no Lubango. Para complementar, foi recentemente lançado pelo Centro Nacional de Tecnologia de Informação (CNTI) um novo projecto intitulado Angola On-line Wi-Fi.

O acima exposto demonstra claramente a participação progressiva do sector privado em apoiar iniciativas destinadas ao desenvolvimento científico e tecnológico do país.

Os serviços de telefone fixo são fornecidos pela Angola Telecom. Embora sejam ainda importantes para empresas e outras instituições, o telefone fixo tornou-se algo do passado para a maioria da população que possuí um telemóvel. A Angola Telecom beneficiou de uma grande reestruturação e modernização tendo mesmo criado o seu próprio sistema de banda larga.

A INACOM é a entidade reguladora do sector das telecomunicações e monitoriza todas as empresas que fornecem serviços de telecomunicações no país.

Quanto aos Correios de Angola, este após décadas de actividade muito reduzida por causa da guerra, foram também alvos de uma reestruturação massiva e têm vindo a conquistar o público, como um agente capaz de fornecer serviços postais. No período em que os Correios de Angola estavam quase inactivos, a empresa DHL lançou-se no mercado como fornecedor internacional de serviços de correspondência e de encomendas postais e especialmente as empresas dependiam em grande escala dos seus serviços. Outras empresas como a UPS seguiram os mesmos passos e prestam activamente os seus serviços pelo país afora. Mesmo assim, algumas empresas, principalmente na indústria petrolífera, preferiam enviar um trabalhador para fazer a entrega do correio e documentos importantes, porque consideravam esta via mais segura, mas com a melhoria dos serviços dos Correios este tipo de comportamento deixou de fazer sentido.

O desenvolvimento e a restruturação surpreendentes deste sector só foram possíveis devido às parcerias e a uma grande participação de investimento estrangeiro. O sector oferece inúmeras oportunidades de investimento na área de formação, inovação e tecnologia, criação e implementação de novos programa e muito mais.

> **Actividade**
>
> **Assinale com um √ ou X em cada quadrado**
>
> Pretendo investir no sector da comunicação?
>
> O funcionamento do meu negócio estará directamente ligado às comunicações?
>
> **Agora faça as suas anotações:**
> Liste as suas prioridades tanto como investidor no sector ou como utente destes serviços

Educação

> *Nenhum outro investimento tem um retorno tão grande como o investimento que é feito na educação. Uma força de trabalho educada é a fundação de qualquer comunidade e o futuro de qualquer economia*
> Brad Henry

Para mim, a educação é provavelmente um dos sectores que deveria ser alvo de atenção urgente, em especial a educação primária. Com a independência de Angola, a maioria dos professores e docentes qualificados abandonaram o país, deixando o sistema educacional num autêntico caos. Para agravar a situação, a guerra civil destruiu um grande número de escolas em todo o país, especialmente nas áreas rurais. No entanto, o desejo de aprender era tal, que alunos criativos e as pessoas dispostas a ensinar iriam fazê-lo em qualquer espaço aberto, debaixo das árvores e sentados em latas de leite ou até mesmo em pilhas de tijolos e pedras. Alguns tinham as aulas em igrejas ou nas traseiras da casa de outra pessoa. No entanto houve crianças que não podiam ir à escola porque tinham de ficar em casa para cuidar dos irmãos mais novos, enquanto as mães saíam para procurar trabalho e arranjar dinheiro para a alimentação deles. Por vezes eram elas próprias que tinham de trabalhar, mesmo muito jovens, o que de facto acontecia no caso das crianças em áreas rurais.

Há muitos adultos, actualmente, que se identificam com histórias como esta. Contudo, apesar de todas as dificuldades, um grande número de alunos desafiou as probabilidades e não deixou de aprender, independentemente das circunstâncias. Muitas pessoas, que tiveram um início complicado na sua educação, não apenas concluíram o ensino primário e secundário, foram mesmo mais além e conseguiram concluir licenciaturas, mestrados e até mesmo doutoramentos. No entanto, nem todos tiveram a mesma sorte (ou em alguns casos, a coragem ou audácia de lutar contra o sistema).

Embora a educação em Angola seja gratuita e obrigatória até aos catorze anos, as dificuldades têm afastado muitas crianças na obtenção de um grau de instrução.

O problema era tão sério, que na tentativa de uma solução, o governo celebrou acordos bilaterais com vários países. No âmbito destes acordos, muitos alunos foram enviados para países como Portugal, Cuba, União Soviética, Polónia, República Checa, Bulgária, Polónia, Brasil entre outros, com bolsas de estudo atribuídas para os vários níveis, mas principalmente para o ensino superior. Angola recebeu igualmente professores desses países, que fizeram um excelente trabalho e mantiveram o sistema educativo a funcionar, mas que nem sempre se mostrou tão eficaz quanto seria desejável. Por exemplo, o país recebeu professores que não falavam ou tinham uma certa dificuldade em comunicar-se em português, e como se pode imaginar, foi um grande desafio que não deu os melhores frutos, sobretudo a nível da língua portuguesa, tanto para os alunos como para os professores. Por volta dos anos oitenta, os alunos que concluíssem a 8ª. classe ou os que estivessem a estudar nas classes mais avançadas, eram obrigados a lecionar na escola primária. Os pais que tinham condições financeiras, enviavam os seus filhos para estudar no estrangeiro.

Felizmente, houve um melhoramento significativo no sistemaeducacional e o quadro hoje é bem diferente. Tal como afirmou a Ministra da Ciência e Tecnologia no seu artigo de Abril de 2014, mais de 7,4 milhões de crianças têm agora acesso à educação primária e no período de 2004 a 2011 o governo construiu 20.846 salas de aula.

Mais de sessenta instituições de ensino superior operam actualmente em todo o país, ensinando mais de 200.000 estudantes. As universidades oferecem uma variedade de cursos e um grande número de estudantes têm obtido diplomas universitários. Muitos deles são os chamados "estudantes adultos" que embora estejam já a trabalhar, querem ir mais além na sua educação, a fim de melhorar as suas qualificações. As entidades empregadoras estatais criaram incentivos para os trabalhadores com educação a nível superior, o que tem sido bastante animador e tem encorajado muitos adultos a voltar a estudar. Tudo indica que um número crescente de estudantes pretende enveredar pelo ensino superior para se tornarem mais competitivos e poder satisfazer as exigências do mercado de trabalho.

Algumas universidades enriquecem o seu currículo promovendo a realização de palestras, conferências e a troca de experiências com outras instituições internacionais. O governo tem em vista a formação de cerca de 4000 estudantes de mestrados e doutoramentos entre 2013 e 2020.

O sistema educativo é muito dinâmico, o que dá lugar a oportunidades de investimento em todas as áreas do sector. Desde 2002, tem-se assistido a um aumento significativo do número de escolas privadas em todos os níveis de ensino, incluindo universidades, em todo o país. Estas têm ajudado a reduzir a pressão sobre as escolas públicas e a Universidade Agostinho Neto, mas ainda não são suficientes para satisfazer a procura. Algumas escolas e universidades carecem de equipamentos e materiais; mesmo aquelas que possuem laboratórios não os têm devidamente equipados ou, em alguns casos, não têm mesmo equipamento algum.

Tem havido também um aumento no número de centros de formação profissional, mas estes estão longe de satisfazer a procura. Nestes centros são formados electricistas, carpinteiros, canalizadores, técnicos de ar condicionado, cabeleireiros, mecânicos e outros profissionais...

Caso Práctico
João Antunes, professor de engenharia civil na Universidade Católica de Benguela e é também engenheiro na CCJ

"Sou português e cheguei a Angola pela primeira vez em 2008. Na minha opinião, os aprendizes no trabalho, bem como estudantes na universidade, consideram que é muito difícil aprender ou executar uma tarefa até mesmo a mais simples. Acredito que isto se deve a um muito baixo nível de compreensão, consequência de uma educação básica deficiente. Como resolvi o problema? Os meus programas de ensino foram concebidos para incluir os conceitos básicos que deveriam ter sido aprendidos na escola primária e secundária, o que os ajuda a aprender de forma mais eficaz e a executar as suas tarefas a um nível aceitável".

Não se pode dizer que as bibliotecas estejam muito bem equipadas ou sejam particularmente apelativas. As livrarias são limitadas em literatura e os livros em Angola são muito caros. Estas deficiências fazem com que os jovens sejam muitas vezes incapazes de competir com aqueles que estudaram no exterior, e que por ficarem melhor preparados, tornaram-se mais apelativos para o mercado de trabalho.

Angola precisa de: educadores de infância qualificados, de professores nas diferentes áreas do conhecimento e para todos os níveis, especialmente universitário, equipamentos de laboratório, bibliotecas, livrarias apetrechadas com todo o género de literatura e parcerias com universidades estrangeiras para cursos de pós-graduação, mestrado e doutoramento.

Outra área que tem registado muito pouco progresso é a das línguas estrangeiras. Não há muitos angolanos que falem línguas estrangeiras, devido à falta de escolas e professores de línguas. Por isso esta área oferece grandes oportunidades para investimento em centros de línguas, bem como tradução, devido a sua elevada procura em todo o país.

Ciência e tecnologia

> Os avanços na tecnologia continuarão a atingir todos os sectores da nossa economia. Os futuros empregos e o crescimento económico na indústria, defesa, transporte, agricultura, cuidados de saúde e ciências da vida estão directamente relacionados com o avanço científico
>
> Christopher Bond

Com uma população tão jovem e criativa, e grande abundância em recursos naturais, Angola pode, potencialmente, ser um dos maiores produtores de Ciência e Tecnologia em África. Era costume ver crianças a partir dos oito anos de idade ou até mais pequenas, construir os seus próprios brinquedos de madeira, pneus, tecido, etc. Essas crianças usavam a sua imaginação e criatividade, e brincavam com ela. Acredito mesmo que muitas crianças, principalmente nas áreas rurais ainda o fazem. Recentemente temos assistido a uma nova geração de verdadeiros inovadores que têm deixado as suas marcas não só em Angola mas também a internacionalmente.

Apesar de todas as dificuldades em termos educacionais, a criatividade dos angolanos não foi nunca afectada e desde 2009 que jovens inventores angolanos participam na Feira Internacional de Ideias e Novos Produtos (IENA), que se realiza todos os anos em Nuremberga, na Alemanha. Os seus trabalhos são expostos à concorrência directa com mais de 700 expositores que representam cerca de trinta e dois países de todos os continentes. O país ganhou prestígio pelo número de medalhas conquistadas ao longo destes anos, num total de vinte e oito, incluindo quatro de ouro, dez de prata e catorze de bronze.[17] Dos projectos premiados constam: a produção do primeiro soro antiofídico, uma estação de votação electrónica, uma mala para transportar telemóveis e outros dispositivos electrónicos, uma cadeira de rodas movida a energia solar, uma tenda electrónica, um sistema de controlo para iluminação pública, um formato informatizado de um jogo de tabuleiro tradicional angolano chamado Kiela, uma passadeira electrónica para peões, um sistema de emergência médica, uma câmara com uma porta USB para pen drive e com um disco rígido externo, um sistema indicativo para veículos que permite o funcionamento do sinal de mudança de direcção (para a esquerda ou direita) ao estacionar o carro, mesmo que o pisca esteja ligado, um rato para pessoas com deficiência dos membros superiores, um frigorífico inteligente em que o prazo de validade dos alimentos que contém é monitorizado através de um telemóvel, o uso industrial da fruta "múcua", um sistema de controlo de voz para aparelhos domésticos, um software de tradução para verbos e fonética das línguas nacionais angolanas, uma máquina automática para limpar janelas...mencionando apenas algumas invenções. Estes são desenvolvimentos surpreendentes, que mostram que com investimento neste sector, os angolanos podem criar novas tecnologias, acrescentar o conjunto de aptidões da força de trabalho, e contribuir positivamente para o desenvolvimento do país e crescimento da economia.

Contudo, apesar desta capacidade inventiva, é ainda preciso fazer muito mais, uma vez que o país continua a apresentar um baixo desempenho científico e tecnológico como foi reconhecido pela Ministra da Ciência e Tecnologia, Maria Cândida Teixeira. Assim, foram criados alguns programas como a Política Nacional de Ciência, Tecnologia e Inovação, bem como uma estratégia nacional para implementar essa política que irá estimular o sector. É de notar que, o investimento realizado no sector das telecomunicações, e o uso da tecnologia da informação e acesso à Internet, tem contribuído significativamente para o aumento da consciência de inovação científica e tecnológica entre a população. Segundo a Ministra, o número de inventores identificados aumentou de dezasseis em 2009 para 180 em 2013 (148 homens e trinta e duas mulheres).

Iniciado pelo governo alemão, Angola está envolvida em parcerias regionais com a África do Sul, Botswana, Namíbia e Zâmbia, para a criação de um Centro de Serviços de Ciências do Sul de África para as Alterações Climáticas e Uso Adaptado da Terra (SASSCAL). Angola está igualmente engajada noutras parcerias bilaterais de pesquisa conjunta com a África do Sul e estão já a ser implementados treze projectos científicos conjuntos entre Angola e África do Sul.

A fim de promover a Ciência e Tecnologia, Angola organiza todos os anos uma Feira Nacional de Inventores, e a cada dois anos uma Conferência Nacional de Ciência e Tecnologia. A conferência, que teve início em 2009, está aberta a cientistas estrangeiros e atraiu nas suas primeiras três edições oitenta e cinco cientistas do Botswana, Brasil, Cuba, Canadá, França, Moçambique, Portugal, África do Sul, EUA e Zimbabué.

Angola tem já desenvolvido vários institutos de pesquisa, que incluem a Direcção Angolana de Serviços Geológicos e Mineiros, o Instituto de Pesquisa Médica de Angola, o Centro Nacional de Investigação Científica (CNIC) e a Universidade Agostinho Neto, todos fundados em Luanda, o Instituto de Investigação Agronómica no Huambo, o Instituto de Investigação Veterinária no Lubango e o Centro de Investigação Científica Algodoeira em Catete.

O governo está a planear a construção de parques tecnológicos e centros de inovação, o que irá criar mais oportunidades de negócios e investimento, embora a ciência e a tecnologia possam ser desenvolvidos em quase todos os sectores da economia. Surgem aqui oportunidades de investimento para empresas de prestação de serviços e investidores privados dispostos a desenvolver programas de educação e formação profissional em diferentes áreas do sector, tais como electrónicos, automação industrial, inovação e tecnologia da informação, bem como programas de intercâmbio de estudantes de doutoramento e de criação de programas de investigação bem como laboratórios científicos.

Actividade

Assinale com um √ ou X em cada quadrado

Pretendo investir em educação ou ciência e tecnologia?

Faça as suas observações:
Anote os problemas que o preocupam se decidir investir na educação, na ciência e na tecnologia

Indústria/Produção

Produzir é mais do que simplesmente juntar as peças. É ter ideias, testar princípios e aperfeiçoar a engenharia, bem como a montagem final

James Dyson

A indústria produtora também sofreu os efeitos da degradação do país, apesar de ser um sector vital para a economia. O desgaste, a falta de manutenção, o vandalismo e a guerra civil resultaram na paralisação do sector durante muitos anos. Um país que no passado, tinha sido auto-suficiente e exportador de produtos tornou-se completamente dependente das importações, mesmo de produtos básicos, enquanto as suas matérias-primas se desperdiçavam.

No passado, a indústria produtora angolana produziu café liofilizado, bebidas (whisky e outras bebidas espirituosas, vinho, cerveja, refrigerantes e sumos), chocolate e doces de todos os tipos, aço pesado, vestuário, têxteis, óleo alimentar, açúcar, madeira, mobiliário, cimento, materiais de construção, papel, plástico, algodão, banana seca, cereais, atum e sardinha enlatada, carne, outros alimentos processados, motorizadas, produtos lácteos e muito mais.

Com a paz e a estabilidade, estão presentes as condições necessárias para reativar a indústria de produção e processamento em todo o país. Na verdade, o sector da indústria de produção e processamento tem mostrado uma tendência de crescimento constante nos últimos anos, em resposta à pressão para a diversificação da economia e redução das importações. O governo também identificou a indústria como uma das suas prioridades e está a envidar esforços para promover o seu desenvolvimento, particularmente a indústria de processamento de alimentos.

A criação de zonas especiais, do Instituto Nacional de Inovação e Tecnologias Industriais (INITI), e de programas estratégicos, como a reforma fiscal entre outros, tem por objectivo facilitar a criação de novas indústrias, a modernização das já existentes, a criação de centros de formação industrial e de sectores de tecnologia, bem como centros de inovação e competências, para que a indústria possa fazer uso dos recursos e matéria-prima mineral e agrícola do país. Isto irá, consequentemente, estimular o crescimento e contribuir para o PIB criando postos de trabalho baseados em competências, reduzir as importações e incentivar as exportações. A indústria de produção teve pouca actividade durante muitos anos, dando assim lugar à actividade comercial com produtos importados. Apenas como exemplo, durante muitos anos assistiu-se ao desperdício de frutas e legumes, peixe e outros produtos que não podiam ser vendidos, consumidos ou distribuídos, mas ironicamente, importavam-se latas de tomate processado, atum, sardinha, frango entre muitos outros produtos que poderiam ser produzidos no país. As prateleiras dos supermercados exibiam (e ainda exibem) na sua maioria produtos importados, desvalorizando assim, os produtos e mercadorias de produção nacional.

A estratégia do governo para o desenvolver um programa de industrialização, para criar instituições, centros de inovação e aptidão, e centros de desenvolvimento técnico e industrial associados, está a conduzir a uma maior cooperação e harmonização entre vários sectores industriais como também a um sistema de regulação crescente.

As oportunidades de investimento neste sector são imensas. Desde o restaurar das suas infra-estruturas, dar formação técnica e profissional aos cidadãos, fazer o processamento agro-industrial e de materiais de construção, bem como o processamento dos minerais e matérias-primas, a instalar cadeias frias, preparar sistemas frigoríficos, bem como como esquemas de irrigação, de transporte, e especialização em negócios industriais, criar novas indústrias e projectos inovadores, etc.

Ilha do Mussulo - Jaimagens.com

Turismo e hotelaria

Fazer férias junto das águas lindas da praia e da beleza que a rodeia, é descobrir a tranquilidade do nosso interior

Wayne Chirisa

Angola é abençoada com uma vasta beleza natural em todo o país e o turismo por si só poderia facilmente representar uma percentagem considerável do PIB. Contudo, o turismo ainda não é um contribuinte activo da economia, uma vez que está dependente do desenvolvimento de muitos outros sectores. No entanto, com o recente investimento em infra-estruturas rodoviárias, transportes, água e electricidade, os visitantes são agora convidados a apreciar a beleza do país.

No passado, o país foi anfitrião de vários eventos importantes que atraíam não só os turistas locais, mas também visitantes de outros países. As corridas automóveis referidas anteriormente sob o título "infra-estruturas", foram uma dessas atracções. Os eventos decorriam em Carmona (agora Uíge), Sá da Bandeira (agora Lubango), Benguela e Nova Lisboa (agora Huambo), e cada cidade acolhia a sua própria competição uma vez por ano. Uma das mais famosas era a "Seis Horas de Nova Lisboa", onde participantes de todo o país e também da África do Sul, Moçambique e Portugal se juntavam nos seus carros bem equipados para competir numa corrida de seis horas sem parar.

O Carnaval do Lobito atraia turistas de todo o país e estrangeiros que se encantavam com a beleza do evento.

Todos os anos, o Lubango acolhia as celebrações de Nossa Senhora do Monte, que também atraía turistas de todo o país.

A famosa corrida automóvel Paris-Dakar esteve, em determinada altura, planeada para atravessar o sul de Angola, mas infelizmente tal não chegou a acontecer por motivos de segurança.

O país tem estado a tomar medidas para revitalizar este sector, que já começou a atrair o turismo de negócios. Durante os últimos anos, um grande número de hotéis e restaurantes, têm sido construídos em todo o país e alguns locais de turismo estão a ser reabilitados. Angola tem, como beleza natural e atrações diversas: 1.650 km de costa marítima banhada pelo sol, com belíssimas praias de areia natural que oferecem excelentes condições para natação e desportos aquáticos; parques e reservas naturais com uma grande riqueza de vida selvagem; rios com cascatas, rápidos e lagos; paisagens deslumbrantes e variadas, incluindo montanhas, florestas e deserto, um clima muito variado; uma cultura rica e ainda mais importante um povo alegre e acolhedor.

Graças ao seu clima e topografia, Angola possui uma vasta diversidade de espécies de animais e uma grande área de espaços verdes e de lazer. Começando pelo Norte na Província de Cabinda, poderá pescar, nadar nas suas belas praias ou visitar a grande Floresta Maiombe. A sua floresta densa e húmida é rica em madeiras exóticas e outros tipos de árvores, como por exemplo, a árvore que produz o famoso Pau de Cabinda (a árvore afrodisíaca). Diz-se que um pequeno pedaço de casca desta árvore, fervida e bebida como chá, pode provocar um efeito reactivo até a pessoas de oitenta anos. Esta floresta, oferece residência a muitas espécies de animais, tais como chimpanzés, macacos, gorilas e cobras de vários tipos. O acesso à Floresta do Maiombe pode ser feito por avião ou por barco através do rio Zaire.

Perto de Cabinda, na província do Zaire, encontra-se uma savana, ao longo das bacias dos rios Kwanza, Kuito e Kuango e dos afluentes do rio Cassai.

Porém se preferir turismo no deserto, Namibe ao Sul, é a província que deve procurar. Apenas lá encontrará a única e rara planta gigante do deserto denominada Welwitshia Mirabilis. No Namibe encontra também praias arenosas lindas e as famosas mumuilas (um povo que se veste e vive de forma tradicional).

Próximo do Namibe, conduzindo por uma estrada serpenteada, a Serra da Leba, chegará à província da Huíla, onde poderá visitar a Fenda da Tundavala, a Fenda do Alto Bambi, o miradouro do Cristo Rei, e a Barragem das Neves. No Lubango poderá também visitar as Águas Térmicas Sagradas da Dibala, as quais, acredita-se, têm o poder de curar doenças de pele. Uma lenda muito antiga diz que nessas águas há uma serpente que se for morta a fonte secará. Todos estes lugares são lindos e ficarão na sua memória por muito tempo.

Malanje acolhe também várias atracções turísticas começando pelas belas Quedas de Kalandula. Eu visitei as Quedas de Victoria (Victoria Falls) no Zimbabué em 1995 e as Quedas de Kalandula em 2009. Fazendo uma comparação entre as duas, sinceramente acredito que a única vantagem significante que a Victoria Falls tem sobre as Quedas de Kalandula é que as primeiras foram estruturalmente organizadas para acolher turistas. As Quedas de Kalandula são lindas e impressionantes e mesmo não tendo ainda uma estrutura adequada para o turismo, são apreciadas diariamente tanto pelos nacionais como por visitantes estrangeiros.

Ainda em Malanje pode apreciar, segundo a lenda, Os Pés da Rainha Ginga. As marcas dos seus pés impressas no chão, tornaram-se um símbolo de patriotismo e da luta da nação pela independência. Pode ainda visitar as bonitas rochas pretas, as Pedras Negras de Pungo Andongo, o Morro do Bongo e uma espécie autocne rara e única de antílope, a Palanca Negra Gigante, que não se encontra em mais lugar nenhum do mundo a não ser em Angola.

Na província da Lunda Sul há as Quedas de Chiumbe (também conhecidas por Quedas do Dala). Na província do Huambo encontra o ponto mais alto de Angola, o Morro do Moco, na Lunda Norte poderá visitar a enorme Lagoa Carumbo e as Grutas do Nzenzo, na província do Uige.

A vida selvagem é enriquecida com uma imensa variedade de espécies, o que pode ser atractivo para safaris. Como acima referido, o país é anfitrião da palanca negra gigante e da palanca vermelha, girafas, elefantes, leões, zebras, rinocerontes, búfalos, manatins (ou peixe-boi), avestruzes, guelengues (ou órix), cahomas, cácu, gnus, macacos, chimpanzés, várias espécies de cobras, cabra de leque e várias espécies de pássaros. Para além da Cameia, na província de Moxico, proclamado como sendo um dos melhores parques nacionais em África, existem outras reservas espalhadas pelo país incluindo o Parque Nacional da Cangadala na província da Huíla, a reserva especial do Namibe e o maior parque nacional do país, o parque nacional do Iona na província do Namibe, a reserva nacional do Luando na província do Bié, o parque nacional do Mupa situado na província do Cunene, o parque nacional da Quissama na província do Bengo, o parque nacional Chimalavera e a reserva nacional Búfalo, na província de Benguela, na província de Malanje encontra o parque nacional do Bikuar, a reserva nacional Ilhéu dos Pássaros na Província de Luanda e por último as reservas nacionais, Luiana e Mavinga situadas na província de Cuando Cubango.

Com vista à promoção e disseminação de locais de beleza rara, numa votação pública angariada em dez meses nas dezoito províncias, Angola elegeu em 2014 os seguintes locais como as suas sete maravilhas – as mais belas e raras regiões que devem ser visitadas no país. São elas: Floresta Maiombe, Quedas de Cihumbue, Quedas de Kalandula, Morro do Moco, Lagoa Karumbo, Caves de Nzenzo e a Fenda da Tundavala.

Angola está também empenhada, no desenvolvimento de um grande traçado turístico, o Projecto Okavango/Zambeze, do qual estão envolvidos cinco países, nomeadamente, Angola, Namíbia, Zâmbia, Zimbabué e Botsuana. A fracção que cabe a Angola estende-se por 87.000 quilómetros quadrados de terra, através do Rio Okavango, também conhecido por Cubango. O projecto foi lançado em 2003 e com a sua variedade de savanas, florestas, ecossistemas das zonas húmidas e a vasta diversidade de vida selvagem, espera-se que se torne o projecto de turismo de maior sustentabilidade do Sul da África, o que será atractivo para safaris, campos de lazer entre muitas outras actividades.

No país existem vários museus, o do café, da arqueologia, da antropologia, da geologia, das forças armadas, da escravatura, o mausoléu, o Palácio da D. Joaquina, os museus do Chitato, o de Nova Lisboa, o do Lobito, do Huambo, do Uíge, do Namibe e do Lubango; igrejas, catedrais e monumentos históricos que podem ser visitados em todo o país.

As praias são maravilhosos lugares exóticos com cenário e paisagens lindíssimas que podem ser visitados o ano inteiro: na província de Luanda encontra a Ilha de Luanda, a Chicala, a Ilha do Mussulo, as Palmeirinhas e as praias de Santiago e Cabo Ledo; na província de Benguela encontra a Praia da Restinga, Praia Morena, Baía Azul, Baía Farta, Caota e Caotinha; na província do Namibe encontra a Baía dos Tigres, Miragens, Praia Azul e Praia Amélia; na província do Kwanza Sul encontra as praias de Porto Amboim e do Sumbe.

As praias são maravilhosos lugares exóticos com cenário e paisagens lindíssimas que podem ser visitados o ano inteiro: a Ilha de Luanda, Ilha do Mussulo, Palmeirinhas, Santiago e Cabo Ledo, na província de Luanda; Restinga, Praia Morena, Baía Azul, Baía Farta, Caota e Caotinha na província de Benguela; Baía dos Tigres, Miragens, Praia Azul e Praia Amélia na província do Namibe; as praias de Porto Amboim e do Sumbe na província do Kwanza Sul. Estas praias são boas e bonitas não só para nadar mas também são locais muito frequentados para piqueniques, festas, encontros familiares e de amigos, reuniões, eventos sociais, desportos aquáticos, pesca, ou simplesmente para relaxar.

É impossível fazer plena justiça à beleza de Angola neste livro, ou até descrever com fieldade a quantidade de lugares com capacidade para atrair turismo internacional e investimento relacionado com o turismo.

A estabilidade política favorece o desenvolvimento do turismo em todo o país e este sector oferece oportunidades de investimento em diversas áreas: na construção de novos hotéis, escolas de formação, pacotes de viagens e serviços de turismo, desportos aquáticos e criação de projectos inovadores. Desde 2002, vários novos hotéis e restaurantes de diferente tipologia, têm sido construídos por todo o país, mas muitos mais são necessários, para cobrir a crescente necessidade de hospitalidade com qualidade e entretenimento.

De forma a que o sector possa dar um maior contributo para a economia do país e atraia investimento estrangeiro, o governo está a rever o seu quadro legislativo. Este sector oferece inúmeras oportunidades de investimento em todas as suas áreas, podendo estas ser conjugadas com tood os outros sectores acima mencionados.

Actividade

Assinale com um √ ou X em cada quadrado

A minha área de investimento enquadra-se no sector da produção ou indústria?

Ou é turismo/hotelaria?

Agora escreva a suas notas:
Faça uma lista com as questões que o preocupam em relação ao sector do seu interesse.

Saúde

Que sejamos aqueles que dizem que não aceitam que uma criança morra a cada três segundos simplesmente porque não tem os medicamentos que você ou eu temos. Que sejamos aqueles que dizem que não estamos satisfeitos que o seu lugar de nascimento determine os seus direitos de viver. Que sejamos aqueles que se sentem ultrajados, que falemos alto, que sejamos ousados.

Brad Pitt

Os cuidados de saúde é outro sector que consta do topo da lista de prioridades do governo. Apesar de, antes da independência, o sistema de saúde estar já bem desenvolvido e de ter sido possível erradicar algumas doenças, depois da independência o sistema deteriorou-se ao ponto de algumas pessoas terem de ir ao estrangeiro para fazer consultas, tratamentos e até para ter bebés. Eu sou mais um exemplo desta necessidade nessa altura. A minha filha Daniela, nasceu em Portugal em 1986 porque a taxa de mortalidade em Angola na altura, era muito alta e eu preferi não arriscar. Seis anos mais tarde, quando decidi ter a Marta, estava determinada a tê-la em Luanda, onde eu vivia. Infelizmente o sistema não havia melhorado, e a alternativa foi, mais uma vez ter a bebé em Portugal.

Nos anos que se seguiram à independência, médicos, enfermeiras e outros profissionais abandonaram o país deixando o sistema de saúde com escassez de quadros qualificados em quase todas as áreas. Hospitais, centros de saúde e outras instalações foram destruídos ou foram-se deteriorando com o uso. O equipamento tornou-se obsoleto ou inutilizável devido à falta de manutenção e reposição. O efeito combinado da escassez de medicamentos, do excesso de população concentrada na mesma área, da subnutrição, da ausência de água corrente e de condições sanitárias provocou o caos completo no sistema. Como todas a crises geram oportunidades, indivíduos sem escrúpulos que se faziam passar por médicos e enfermeiros, tratavam pessoas desprotegidas pelo sistema de saúde e vários centros médicos foram construídos em traseiras de casas. Com vista a minimizar o problema, Angola assinou acordos bilaterais com outros países para a importação de médicos, enfermeiros e outros profissionais de saúde, vindos principalmente de Cuba, Rússia, Brasil e alguns países da Europa de Leste. Em troca muitos angolanos foram enviados para escolas de medicina e cursos especializados nesses e outros países.

Embora com limitações de diversa ordem, o sector manteve-se em funcionamento, enquanto o país lutava pela paz. Alguns hospitais e centros médicos começaram a emergir ainda na década de oitenta, na sua maioria construídos pelas companhias das indústrias de petróleo e de diamantes, com equipamentos novos e melhores condições para os seus pacientes. Muito tem sido feito com o objectivo de melhorar o sistema de saúde, com a construção e reconstrução de muitos hospitais e centros médicos em todo o país, investindo na formação e desenvolvimento e também na compra de novos equipamentos. Mais instalações estão a ser construídas incluindo hospitais de medicina tradicional. No entanto, o sistema de saúde tem ainda uma longa caminhada a percorrer, já que treze anos após a guerra, o sistema de saúde de Angola ainda é considerado um dos piores do mundo. De acordo com a Organização Mundial de Saúde (OMS), o país tem as taxas de mortalidade materna e neonatal e de anemia falciforme das mais altas a nível mundial, assim como a esperança de vida é uma das mais baixas do mundo. O seu clima é propício a muitas doenças tropicais tais como malária, cólera, diarreia e tuberculose. Há também um nível muito alto de doenças sexualmente transmitidas, incluindo o SIDA/HIV por falta de uma educação sexual. A malária é o assassino número um e o país não tem conseguido erradicar esta doença. O problema da malária é de tal maneira preocupante, que até o Presidente Obama ofereceu o seu contributo, disponibilizando fundos para a erradicação desta doença em Angola, através do Plano Operacional da Malária lançado em 2008.

A saúde pública tem merecido a atenção do governo, e das Organizações Não Governamentais (ONG's) e também profissionais do sector. Por exemplo, o esforço combinado do governo e de organizações internacionais de saúde, teve uma resposta positiva nos programas de vacinação em todo o país. Outras doenças como difteria e sarampo assim como as campanhas de vacinação contra a pólio e sarampo, também responderam bem aos programas.

O país tem várias escolas de medicina e enfermagem, e tem formado muitos profissionais, nas diversas áreas de saúde, mas precisa de muitos mais. Angola produz muitas plantas medicinais que podem ser usadas para tratamento, tais como o borututu e folhas de rícino.

As prioridades no sector da saúde são: aumentar a esperança de vida à nascença, alcançar os Objectivos de Desenvolvimento do

Milénio, melhorar os cuidados de saúde, reduzir a mortalidade a todos os níveis, melhorar a organização e funcionamento da estrutura médica e o desenvolvimento de um sistema regulatório robusto.

As oportunidades para investimento neste sector são imensas desde a formação de profissionais de saúde, criação de programas que melhorem o controlo de doenças transmissíveis, criar uma política de saúde pública, preparar farmacêuticos, inovar a tecnologia nesta área, construir novos hospitais e unidades de emergência, aumentar a prestação e qualidade dos cuidados à mãe e ao bebé, instalar novos equipamentos, melhorar as estruturas de saneamento e criar uma rede de ambulâncias.

Actividade

Assinale com um √ ou X em cada quadrado

O meu negócio é no sector da saúde?

Existe alguma área em que eu esteja particularmente interessado?

As suas notas:
Anote as suas preocupações sobre o sector da saúde, tanto do ponto de vista de um investidor como paciente

Finanças e seguros

Acredito que através do conhecimento e disciplina, a paz financeira é possível para todos nós.

Dave Ramsey

Pode-se dizer que este sector, talvez seja um dos que se tenha desenvolvido mais consideravelmente nestes últimos anos. Até 2002, havia dois bancos estatais principais: o Banco Nacional de Angola e o BPC. Havia muito poucas casas de câmbio e não havia caixas de multibanco. Desde então temos assistido ao surgimento de vários bancos privados e o país actualmente conta com vinte e três bancos comerciais, dos quais dois são estatais e um, é um banco de desenvolvimento. O BNA é o regulador de todas as instituições financeiras.

O banco BAI expandiu as suas actividades internacionalmente e tem já a sua presença em Cabo Verde e Portugal.

Hoje em dia, também já se encontram casas de câmbio espalhadas pelo país.

O sector bancário reconquistou a sua autoridade e está a posicionar-se como um sector forte na economia. Durante muitos anos a população tinha por costume não depositar o dinheiro nos bancos, mas tem-se notado uma mudança de atitude e tanto as pessoas singulares como as empresas têm já uma maior educação bancária. É claro que a "dolarização" da economia teve um papel predominante nesse tipo de atitude, uma vez que quase todas as transações, incluindo a dinheiro, eram literalmente efectuadas em dólares americanos, como se da moeda nacional se tratasse, enquanto o Kwanza (Kz) lutava para se afirmar. Quase todos os produtos ou serviços podiam ser comprados em dólares americanos, quer fossem utensílios, bens alimentares de toda a natureza serviços. De forma a fortalecer o Kwanza, o BNA tomou várias medidas, incluindo a criação de um Comité de Política Monetária. Outra medida implementada pelo Aviso n°. 13/13 de 6 de Agosto, foi simplificar os procedimentos aplicáveis às transacções de bolsas estrangeiras de invisíveis correntes e ao mesmo tempo proíbe pagamentos de serviços e bens, com qualquer outra moeda que não seja o Kwanza. Esta medida aplica-se a todas as operações que envolvam o pagamento de viagens, serviços, transferências de moeda e receitas de residentes e não residentes sejam elas pessoas singulares ou colectivas. Graças a medidas severas como estas, o BNA foi capaz de reestabelecer a confiança no Kwanza, o qual permaneceu estável por muito tempo, até à recente queda do preço do petróleo.

O sector bancário apresenta oportunidades de investimento principalmente na área de formação, recursos humanos, informação tecnologia e implementação de novos sistemas.

O sector dos seguros também cresceu rapidamente, mas está ainda aquém do ideal. No passado, a empresa de seguros estatal ENSA, era a principal operadora no mercado, fornecendo alguns serviços, principalmente às empresas. Nos últimos anos têm surgido novas asseguradoras fornecendo pacotes de serviços tanto a particulares como a empresas. Como investidor estrangeiro, terá alguma segurança caso algo não corra de acordo com o seu plano com o seu projecto ou no país, uma vez que Angola é membro da Agência Multilateral de Garantia de Investimentos (AMGI). Esta agência cobre riscos de guerra, distúrbios civis, expropriação e não convertibilidade, assim como também fornece assistência na resolução de conflitos de investimento.

O sector dos seguros continuará a crescer de acordo com o desenvolvimento do país. Se esta é a sua área, poderá criar as suas próprias oportunidades através do desenvolvimento e investimento de novos pacotes de serviços, formação relativa a este sector e formar parcerias com as empresas já existentes no mercado.

> **Actividade**
>
> **Assinale com um √ ou X em cada quadrado**
>
> Será a minha actividade principal em finanças ou seguros?
>
> Existem oportunidades para o meu negócio, nestes sectores?
>
> **Agora faça as suas próprias anotações:**

Minas

> *Nada pode ser mais benéfico para um naturalista, do que uma viagem num país distante*
>
> Charles Darwin

Angola tem um dos maiores e mais diversificados recursos mineiros de África. É também o terceiro maior produtor de diamantes em Africa embora apenas 40% dos seus recursos tenham sido explorados até ao presente. Angola é mundialmente o quarto produtor de diamantes quanto à qualidade dos mesmos e o sexto quanto à quantidade extraída.

Mas minerais não são só diamantes. O país também produz uma diversa gama de outros minerais, os quais são recursos económicos igualmente importantes que contribuem para a riqueza do país. Entre estes minerais, encontra-se ferro, ouro, cobre, chumbo zinco, vanádio, cobalto, magnésio, urânio, carvão, platina, areias, níquel, quartzo, fosfato, caulino, sal, crómio e enxofre. Para além dos metais básicos e semi-preciosos há também as rochas ornamentais incluindo granito e mármore. Esta grande variedade faz da exploração mineira em Angola, uma actividade atractiva com um potencial económico muito grande e com muitas oportunidades de investimento.

O recurso mais importante de Angola, a seguir ao petróleo, é sem dúvida o diamante, pelo qual o país é bastante conhecido. O diamante pode ser encontrado nas províncias de Luanda Norte, Luanda Sul, Malanje, Uíge e Moxico.

A história da exportação de diamantes remonta ao século XVIII. No entanto a mineração moderna apenas começou em 1912, com a descoberta de pedras preciosas na província de Luanda. Esta indústria registou mais tarde, em 1952, um verdadeiro desenvolvimento com as operações mineiras de largaescala realizadas por companhias de diamantes como a De Beers[18]. Um relatório de analistas da consultoria geológica económica, Sinese e o banco de investimento subsaariano Eaglestone, prevê que o aumento do mercado asiático de bens luxuosos irá aumentar de forma natural a extracção de diamantes.

Angola é também um grande exportador de minério de ferro. As suas operações começaram em 1957, mas foram interrompidas na década de 1980, devido à falta de segurança e de transporte.

O sector mineiro também não escapou à guerra, tendo sido assombrado por roubos, danificação de equipamento, vandalismo, contrabando, interrupção das rotas de transporte, destruição das infraestruturas mineiras, contrabando e corrupção. Numa investigação anti-contrabando denominada Operação Brilhante, foram presos e deportados 250.000 contrabandistas, entre 2003 e 2006. Estes negociantes sem escrúpulos, abriam minas por todo o lado sem o mínimo de condições, o que tornava o trabalho dos mineiros inseguros, levando muitas pessoas à morte.

Ainda assim, o sector mineiro emergiu recentemente em força com perspetivas muito promissórias. Entre alguns projectos actualmente em curso encontram-se o do Cariango, Lunda Norte, Lucapa, Cassanguidi, Lulo e Catoca (este último é a quarta maior mina de diamantes do mundo). Foi também recentemente reinaugurada a Fábrica de lapidação de Diamantes de Angola (APD) e os diamantes angolanos podem agora ser polidos no país e vendidos a um preço mais alto.

Todavia, o sector mineiro está a diversificar a sua base, explorando outros minerais como o ouro. Com esse propósito, uma nova Agência Reguladora do Mercado de Ouro foi criada, com o objectivo de estabelecer a Agência do Ouro. De forma a atrair investimento neste sector, uma nova Lei do sector Mineiro, que confere maior protecção aos investidores foi recentemente promulgada; adicionalmente o governo reduziu os impostos e também os requisitos da propriedade estatal[19]. Todas essas medidas, em conjunto com a reconstrução das redes ferroviárias e rodoviárias irão com certeza incentivar o investimento neste sector.

Foi também criada uma base de dados online – Mining IQ – que irá inventariar informações e providenciar estatísticas deste sector. Esta base de dados fornece detalhes de projectos, de companhias mineiras tanto em Angola como no estrangeiro e avalia quaisquer desenvolvimentos e futuras tendências de mercado. Nessa base de dados também se enumera outros recursos mineiros de Angola e os contactos directos de todas as entradas dessa base online mantendo-se os investidores em contacto com as companhias mineiras activas no país.

Criaram-se também políticas ambientais, para combater a ameaça da exploração mineira à biodiversidade e aos ecossistemas. Para facilitar a identificação das áreas mineiras, está em curso um projecto ambicioso, o Plano Nacional de Geologia – PLANEGEO – o maior deste género, a ser conduzido no país. Este projecto, um esforço conjunto com as seguintes empresas: CITIC, Empresa chinesa, a Costa Negócios brasileira e a Impulso empresa espanhola, irá criar um mapa geológico detalhado do país, que irá identificar locais de exploração a serem usados nos próximos 100 anos. Com grande orgulho, Angola conseguiu garantir a presidência do processo Kimberley no ano de 2015.

O sector mineiro está pronto para atrair investimento e gera grandes oportunidades *know-how*, formação e desenvolvimento de capacidades, assim como também na construção e reconstrução de infra-estruturas, transportes, redes ferroviárias, etc. Angola procura comerciantes éticos, que queiram investir e deixar um legado de comércio justo em Angola.

Caso Práctico
Lucapa Diamond Company Ltd

Esta empresa australiana, iniciou as suas actividades operacionais em Angola em 2010. Em Julho 2013 realizou o seu primeiro acordo lucrativo, a venda de 496,2 quilates de diamantes gerando uma receita de 3,1 milhões de dólares americanos. No início de 2014, realizou a sua segunda venda de 371,35 quilates gerando 2,9 milhões de dólares americanos.

Actividade

Assinale com um √ ou X em cada quadrado

Irei investir no sector mineiro?

Espero encontrar muitos constrangimentos?

Agora faça as suas notas:
Faça uma lista das áreas onde pretende explorar as suas possibilidades

Sonangol - Jaimagens.com

Petróleo

> *É no nosso interesse... embarcar numa alteração revolucionária de forma forma a afastar-nos da nossa dependência do petróleo em vez de de arrastar os pés e sofrer o custo de ficar cada vez mais dependentes de uma matéria- prima em diminuição*
> Albert Marrin

Deixei este sector deliberadamente quase para o fim na expectativa de o encorajar a participar na diversificação da economia, investindo ou fazendo negócios noutros sectores. Contudo, o sector petrolífero jamais poderia ficar excluído porque oferece várias oportunidades de investimento. O facto de esta indústria ter sido a principal geradora de receita e ter suportado a economia durante o seu período mais difícil, o que despertou o interesse do mercado internacional significa que as hipóteses de investimento mantêm-se aliciantes.

Angola é conhecida pela sua vasta riqueza em recursos petrolíferos e por ser o maior exportador de petróleo da África subsariana. De acordo com um estudo da Energy Aspects[20], em 2014 Angola foi o principal produtor de petróleo em África deixando a Nigéria em segunda posição. Angola produz 18,9% do petróleo total de África e é o décimo-sétimo a nível mundial, produzindo 2,4% da produção global. Em 2013, teve início no Bloco 31 do mar angolano, a produção do projecto conjunto entre a Sonangol e a BP denominado PSVM (Plutão, Saturno, Vénus e Marte). Este é o maior projecto de águas ultra-profundas em África e a maior infra-estrutura submarina no mundo tendo começado a sua produção com 100.000 barris de petróleo por dia, mas prevê-se que a sua produção chegue a 150.000 barris por dia.[21]

Angola foi de algum modo capaz de sobreviver à guerra civil graças à sua receita proveniente do petróleo. A produção de petróleo e as actividades relacionadas com ele têm de facto sido uma força determinante no desenvolvimento e crescimento da economia. Um relatório da *Economic and Financial Research Angola* de Fevereiro de 2015 realizado pelo banco BPI, refere que a produção de petróleo em 2014 foi de 1,7 milhões de barris por dia, que representa uma receita de 65 biliões de dólares americanos. O país previa um aumento na produção até aos 2 milhões de barris por dia para o ano de 2015 contudo, essas projecções têm sido frustradas pela queda do preço de petróleo a nível mundial. Apesar do decréscimo do valor do barril do petróleo, este continuará a ter um papel crucial na economia porque todos ou quase todos, os outros sectores da economia dependem do petróleo. Desde a agricultura à indústria passando pelos transportes etc. por isso este sector, mesmo a sofrer uma baixa enorme continua a ser fundamental.

A história do petróleo angolano começou em 1955, com a descoberta do produto pela primeira vez na bacia do Kwanza em Benfica. Desde então, a produção petrolífera tem vindo a aumentar substancialmente, atingindo quase 750 mil barris por dia em 2000. O primeiro campo em águas profundas ficou activo em 1999 e era operado pela Chevron no Bloco 14. Desde essa data outras empresas petrolíferas internacionais iniciaram a produção em outras águas profundas com perspectivas de se desenvolverem ainda mais.

Estimativas do *Oil & Gas Journal* (OGJ) publicadas em Janeiro de 2015, indicam que Angola detém 9 biliões de barris de petróleo em bruto em reserva. Angola exporta petróleo principalmente para a China, Índia, Taiwan e EUA. A Sonangol é a empresa de petróleo do estado e é accionista em quase todos os projectos de petróleo e gás em Angola. Todas as Empresas de Petróleo Internacionais – International Oil Companies (IOCs) – que pretendam desenvolver a sua actividade no país são obrigadas a actuar em regime de "joint venture" e celebrar acordos de partilha de produção com a Sonangol, entidade responsável pela concessão de licenças. Entre os principais participantes na indústria petrolífera estão a BP, Chevron, Total, Statoil, ExxonMobil e ENI.

As IOCs regem-se por leis e regulamentos específicos do país. É-lhes exigido o uso de entidades bancárias locais para as suas transacções assim como são também obrigadas a contribuir para a formação de quadros nacionais.

Com o intuito de se estabelecer como importante interveniente internacional, a Sonangol tem actualmente "joint ventures" com empresas em São Tomé e Principe, Brasil, Cuba, Venezuela e Golfo do México e tem escritórios representativos em Londres, Houston, Singapura e China.

Angola tem a segunda maior reserva de gás natural em Africa, contudo tem enfrentado dificuldades na comercialização deste produto. De forma a solucionar o problema, em 2004, sob a égide da Sonangol, foi constituída a Sonangás sendo esta responsável pela exploração, avaliação, produção, armazenamento e transporte de gás natural e seus derivados do país e em 2008 surgiu o projecto de Gás Natural Liquefeito (LNG) na província do Soyo, numa "joint venture" entre a Sonangol, Chevron, BP, Total e Enei. A Chevron teve a responsabilidade do envio da primeira carga de LNG angolano para o Brasil em Junho de 2013, dando assim início a uma nova indústria, que faz uso de mais um recurso natural do país.

Angola tem actualmente apenas uma refinaria na cidade de Luanda, mas no início do ano de 2017, uma segunda refinaria iniciará a sua operação na cidade de Lobito e está já a ser discutido um projecto para uma terceira a ser contruída a fim de responder ao aumento na procura de produtos refinados no país e em outros países africanos, à medida que forem reduzindo as importações. Estas novas refinarias constituem um grande factor para o crescimento económico. Em 2007 Angola tornou-se membro da OPEC e em 2009 liderou, com orgulho, a sua rotação presidencial.

Gás – Angola LNG

Angola tem a segunda maior reserva de gás natural em Africa, contudo tem enfrentado dificuldades na comercialização deste produto. De forma a solucionar o problema, em 2004, sob a égide da Sonangol, foi constituída a Sonangás sendo esta responsável pela exploração, avaliação, produção, armazenamento e transporte de gás natural e seus derivados do país e em 2008 surgiu o projecto de Gás Natural Liquefeito (LNG) na província do Soyo, numa "joint venture" entre a Sonangol, Chevron, BP, Total e Enei. A Chevron teve a responsabilidade do envio da primeira carga de LNG angolano para o Brasil em Junho de 2013, dando assim início a uma nova indústria, que faz uso de mais um recurso natural do país.

O projecto, com uma vida económica de mais de vinte anos, inclui as infra-estruturas necessárias para o transporte de gás obtido ao largo e a sua instalação de liquefacção com uma capacidade de produção de 5,2 milhões de toneladas métricas de LNG por ano. Na sua capacidade máxima, prevê-se que o projecto produza 63.000 barris de gás natural por dia para exportação e 125 milhões de pés cúbicos por dia de gás natural seco para consumo doméstico. Num artigo escrito por Robin Dupre a 6 de Maio de 2015, de acordo com a Agência Internacional de Energia, no seu relatório *Africa Energy Outlook*, em 2040 Angola juntamente com Moçambique, Nigéria e Tanzânia farão frente à Russia enquanto produtores de gás natural a nível global. Esta mensagem mostra claramente que o futuro da indústria de gás depende de África, portanto países da União Europeia, e não só, são encorajados a investir neste sector.

Pré-sal

Finalmente a exploração pré-sal tem recentemente feito parte da agenda de empresas petrolíferas internacionais. Angola tem três bacias nomeadamente, Baixo Congo, Kwanza, e Namibe, as quais se acredita serem igualmente grandes bacias de sal. A bacia de Kwanza já está a atrair muito interesse para exploração pré-sal pela Sonangol e outras empresas internacionais.

O sector de petróleo e gás oferece várias oportunidades para negócios e investimentos em infra-estruturas, transportes, formação, *know-how*, pesquisa e novas tecnologias, recursos humanos, fabrico, refinarias e serviços associados de apoio.

Actividade

Assinale com um √ ou X em cada quadrado

Tenciono investir em petróleo, gás ou pré-sal?

Estou preparado para concorrer com as empresas já estabelecidas?

Agora faça as suas anotações:
Faça uma lista dos seus potenciais concorrentes

Ambiente

Se perguntar o que se pretende fazer sobre o aquecimento global, a única resposta racional é mudar a maneira como fazemos o transporte das mercadorias, a produção de energia, a agricultura e a indústria. O problema tem origem na actividade humana sob a forma de produção de bens

Barry Commoner

Angola não se tem posto à margem das preocupações globais e está já a abordar questões ambientais e climáticas com muita seriedade. As questões ambientais do país estão associadas a vários factores tais como a deslocação da população das áreas rurais para as áreas urbanas, inadequadas infra-estruturas, a prolongada guerra civil e as actividades sem escrúpulos e pouco éticas de muitos intervenientes da economia.

Como principais problemas ambientais enfrentados pelo país estão as águas poluídas e falta de saneamento, exploração abusiva da terra, desertificação, deflorestação excessiva da floresta tropical para suprir quer a procura internacional de madeira quer o uso doméstico para combustível, o uso excessivo dos pastos, a extracção mineral, a degradação costeira e pesca excessiva e más práticas de agricultura. Inevitavelmente como resultado, todos estes factores causam problemas de saúde e segurança e a perda de biodiversidade. Também comprometem a produtividade da terra e afectam a qualidade de vida da população. Para minimizar o risco, a lei impõe que todos os projectos em Angola, independentemente do sector, seja ele da construção, da mineração, do petróleo, da agricultura ou qualquer outro, incluam uma avaliação de impacto ambiental efectuada por uma empresa abalizada a ser apresentada ao Ministério do Ambiente. Só quando for certificada, poderá então a empresa em questão receber a licença, podendo assim o projecto ser implementado. Após a implementação, será necessário que a respectiva empresa realize manutenções periódicas a serem supervisionadas pelo Ministério do Ambiente.

Caso Práctico
Perro Negro 6

A 1 de Julho de 2013, a plataforma petrolífera Perro Negro 6, afundou-se entre a costa de Cabinda e da República Democrática do Congo, enquanto o posicionamento do equipamento estava a ser preparado. As empresas que operava nessa exploração havia sido notificada, pelo Ministério do Ambiente sobre a necessidade de manutenção periódica, no entanto essas orientações formam ignoradas. A consequência foi uma enorme contaminação na população de peixes e na água da área, ferimentos em seis trabalhadores e desaparecimento de um. Por esse desleixo a empresa foi sancionada com uma coima elevada, além disto o acidente resultou numa perda de postos de trabalho e de equipamento de perfuração.

A recolha de resíduos domésticos tem sido também outro desafio de protecção ambiental no país inteiro. Embora esta recolha não seja muito eficiente, devo admitir que melhorou bastante em relação há alguns anos em que, em Luanda, por exemplo, nem sequer se podia caminhar pelos passeios tal era a quantidade de lixo. Existem poucas empresas de recolha de resíduos a operar, não existe ainda equipamento disponível e adequado e ainda não se desenvolveu um sistema de reciclagem efectivo, contudo o país produz uma grande quantidade de resíduos domésticos, que poderiam ser usados como fontes de energia. Danilo Silva do Ministério do Ambiente disse-me que recentemente o Ministério criou uma Agência Nacional e Resíduos Domésticos que será responsável pelo acompanhamento das empresas que lidam com resíduos e saneamento.

O sector ambiental oferece várias oportunidades de negócios e investimentos. Estas podem surgir, sob forma de programas educativos para a população, através de spots informativos de educação ambiental e modelagem comportamental. Poderão surgir também oportunidades em negócios relacionados com fabricação/comercialização de contentores de lixo e equipamento de reciclagem; ainda investimentos ligados à indústria de transformação de lixos. Também em programas de saneamento básico e capacitação dos trabalhadores nas diversas áreas do sector.

Actividade

Assinale com um √ ou X em cada quadrado

Será que o meu negócio se encaixa em alguma das oportunidades acima descritas?

Existe algum potencial de expansão do meu negócio ou de criar a minha oportunidade?

Existe alguma urgência competitiva?

Faça as suas próprias anotações:

O Que Pretendo Trazer Para o País?

A par do lucro do seu negócio, não pode dissociar a ideia de qualidade.

Seja produto, serviço, equipamento ou conhecimento deve sempre corresponder aos padrões de qualidade e as normas exigidas no país. Todos nós sabemos que as empresas desenvolvem os seus produtos ou criam os seus serviços de acordo com as necessidades específicas do mercado em que pretendem operar. Isto não significa, contudo, que o seu produto ou serviço para ser lucrativo tenha de ser de qualidade inferior, mas, infelizmente, isto acontece em Angola ou de um modo geral em África. Algumas empresas, incluindo multinacionais acreditam que, devido às necessidades do país, qualquer produto, serviço ou equipamento será aceite, sem terem que se preocupar com a sua qualidade. É lamentável assistir a atitudes como estas, porque ao cobrar ao consumidor estes investidores cobram valores muito elevados mesmo que o produto seja de fraca qualidade.

O caso prático do Perro Negro 6 acima descrito, ilustra bem esta prática e faz-nos questionar se a empresa estivesse situada na Europa por exemplo, se teria ignorado a notificação emitida por uma entidade estatal. Provavelmente não caso contrário estaria sujeita a sansões graves. Há pouco tempo deparei-me com um artigo no website da AfricaVest, publicado a 20 de Setembro de 2014 com o título "Empresas multinacionais que operarem de forma incorrecta em África". O artigo escreve sobre empresas com más práticas de actuação, descrevendo-as como empresas com "personalidade desajustada". Este artigo menciona algumas práticas como comércio intencional, de bens de qualidade inferior e serviços de apoio ao cliente menos aceitáveis nas suas operações, em África. Olhando para a propaganda e promessas feitas por essas empresas dir-se-ia que são como as do seu país de origem, no entanto o processo de vendas, as garantias e as regras de devolução de produtos são totalmente diferentes das que efectuam nos países do Ocidente onde actuam. Este artigo explica ainda que algumas empresas optam por essas práticas alterando a sua denominação comercial para protegerem a sua marca de origem. Pessoalmente acredito que esta atitude advém sobretudo das empresas acreditarem que as pessoas em África não têm qualquer conhecimento dos seus direitos, que não existe um mecanismo eficiente de reclamações e que existe uma falta de escolha e concorrência, e que portanto aceitam qualquer produto ou serviço de qualidade inferior. Embora se possa admitir que, em parte, os mecanismos não sejam ainda os mais eficientes, as coisas estão a mudar. O sistema jurídico em Angola com as novas leis e regulamentos que têm entrado em vigor está a tornar-se cada vez mais eficaz, existe mais educação e informação sobre os direitos dos consumidores, e por isso estes têm cada vez mais conhecimento dos seus direitos. A inspecção está também a desempenhar um papel mais activo o que obriga as empresas a comportarem-se de forma apropriada. Os angolanos gostam de qualidade, e de produtos e serviços conforme as normas, portanto, se pensa investir ou fazer negócios em Angola deve ter sempre presente que a qualidade é fundamental.

Resumo: Seja claro sobre o valor que quer levar para o país. Analise o contexto local e maximize a sua preposição de valor com a agenda nacional. Foi por esta razão que forneci neste livro as indicações do plano do governo em alguns sectores da economia. Use o seu parceiro local ou um agente para verificar o que já existe no terreno, e leve qualidade como se estivesse no seu próprio país. Terá mais hipóteses de sucesso se o que levar para Angola promover a saúde e segurança, se tiver em consideração o ambiente, se criar postos de trabalho, se prestar formação, acesso à tecnologia e transferência de competências. Como sugeri acima, deverá deixar um legado bom ao país.

Exercícios

Numa escala de 1 a 5, em que 1 é menos provável aumentando até 5, classifique as seguintes afirmações pondo um círculo em redor da sua resposta:

1 – Os meus lucros estão previstos num plano cuidadosamente elaborado

1   2   3   4   5

2 – O meu produto/serviço acrescenta valor ao país

1   2   3   4   5

3 – O meu produto/serviço irá criar postos de trabalho, transferência de competências, formação ou know-how

1   2   3   4   5

4 – O meu cliente-alvo irá valorizar o meu produto

1   2   3   4   5

5 – O país irá beneficiar do meu produto/serviço

1   2   3   4   5

Quantos pontos contabilizou?

Está pronto para o próximo passo?

3º Passo

Associe-se a um Parceiro Local – Porque Não um Parceiro Local?

> As grandes coisas nos negócios nunca são feitas por uma pessoa, mas sim por uma equipa de pessoas
>
> Steve Jobs

Parceiro Local

Tentar estabelecer-se ou tratar de tudo sozinho talvez seja uma das piores estratégias que pode adoptar num país alheio. De qualquer forma, a lei angolana exige que tenha um parceiro local, se pretender investir em determinados sectores no país. Mesmo para os sectores em que este requisito não seja obrigatório, a parceria com uma entidade nacional será sempre recomendada, na medida que facilitará a sua vida como investidor estrangeiro no país. Associando-se a um parceiro local, terá um enquadramento menos honroso e o seu processo para se estabelecer no país será facilitado pois os parceiros locais são essenciais para fazer com que as coisas de facto aconteçam.

Procure um parceiro que seja bem relacionado, que esteja bem estabelecido no mercado e de preferência que fale a sua língua. Ter um parceiro local traz-lhe as seguintes vantagens:

- Será muito mais fácil fazer negócios. Os intervenientes nacionais conhecem a cultura do país, têm contactos, conhecem os lugares necessários, sabem como ultrapassar a burocracia, e ajudam com o marketing, vendas e muito mais.
- O seu parceiro local tendo participação na empresa será também proprietário da mesma e naturalmente terá um grande interesse no negócio. Portanto ele cuidará do negócio de ambos com o mesmo empenho que você, o que em última instância aumentará não só os seus lucros mas também contribuirá para a riqueza do país.
- É benéfico tanto para si como para o seu parceiro pois enquanto você contribui com financiamento, perícia e provavelmente equipamento, o seu parceiro local contribuirá com os seus contactos, as instalações de operatividade, conhecimento do mercado local e muito mais importante você não estará sozinho num país estrangeiro.

> *"Não faz sentido querer guardar os lucros só para si. Terá um sistema mais viável de negócios se tiver parceiros que tenham interesse na existência do negócio a longo prazo, porque o rendimento dele depende do seu negócio. Esta é a fórmula de sustentabilidade no continente".*
>
> Bill Egbe, Presidente, Coca-Cola África do Sul

Um parceiro local cuidará dos seus interesses no país, independentemente de você se encontrar ou não presente. Ele estará atento ao ambiente de negócios e às mudanças na lei logo que elas surgirem, dando-lhe assim oportunidade para rapidamente realizar os ajustes necessários de forma a evitar prejuízos. Eu conheço investidores estrangeiros que, mesmo depois de várias tentativas para concluir negócios não tiveram sucesso por causa de dissabores que poderiam ter sido evitados se tivessem um parceiro local.

Resumo: Deve procurar alguém ligado ao seu ramo de actividade e estabeleça uma relação de confiança com essa pessoa. Conheça-o e veja se há afinidades entre si e ele de modo a poderem estabelecer uma relação profissional. Seja previdente e não se precipite em assinar acordo algum até que esteja convencido de que tem o parceiro ideal. Um parceiro comercial é como um cônjuge, nem sempre a relação resulta. Se estiver satisfeito com o parceiro, faça um acordo legalmente redigido. Capacite o seu parceiro se achar que isso irá melhorar o desempenho dele. Entretanto, enquanto procura um parceiro, não deixe de ter apoio técnico, trabalhe com um agente. Estes podem resolver muitos problemas e aliviá-lo de futuros dissabores.

Actividade

Assinale com um √ ou X em cada quadrado

Tenho já planeada uma estratégia que me ajude a encontrar o meu potencial parceiro?

Tenho certeza do tipo de perfil que o meu potencial parceiro deve ter?

Será que ele tem necessariamente de ter alguma especialidade relacionada com o meu tipo de negócio?

Tenho já preparada uma alternativa de entrada no mercado enquanto procuro um parceiro?

Anotações

Due Diligence

É importante fazer a *due diligence* e tentar saber o mais que puder sobre o seu parceiro local, indivíduos e empresas com quem irá lidar, numa prespectiva de eliminação de risco, mas obviamente proporcional ao tipo de relação que espera ter com esse parceiro.

Assim que estabelecer o seu negócio em Angola crie regulamentos internos e sistemas de controlo eficazes e faça-o através de uma sociedade de advogados especializada em direito comercial.

Assegure-se de que as pessoas ou empresas com quem vai tratar não estão associadas a más práticas, escândalos ou corrupção. Muitos investidores inibem-se de investir no país ao descobrir que na cadeia de intervenientes ou contactos um ou mais indivíduos estão ou estiveram associados ao governo. Se as leis do seu país ou os regulamentos internos da sua empresa no país de origem não permitem que se envolva com pessoas ligadas ao governo, então deverá repensar na melhor forma de prosseguir. O desafio que se apresenta é que quase todas empresas, principalmente os grandes negócios em Angola pertencem a pessoas com alguma ligação quer no momento actual quer no passado, com o governo ou com militares quer no presente ou no passado. Esta é sem dúvida uma consequência da guerra civil, que deu abertura para que muitos deles tivessem acesso aos grandes projectos enquanto ocupavam uma posição no poder.

Infelizmente, a triste realidade é que países com um historial de guerra produzem empresários vindos do governo, militares e pessoas afiliadas a estes. Isto não quer de maneira alguma dizer que tal empresa ou indivíduo sejam corruptos, principalmente se já não estiverem directamente ligados a eles. Poderá presumir-se que o mesmo tenha usufruído de uma oportunidade que tenha surgido na altura, mas que agora seja um empresário ou investidor como qualquer outro e como tal deverá ser tratado. Por outro lado, durante a guerra civil, houve um período em que o serviço militar era obrigatório para todo o cidadão angolano a partir dos 17 anos de idade. Muitos desses jovens são agora generais (embora alguns já não estejam no activo) mas são igualmente homens de negócios ou estão em posições de poder noutros sectores. Mais ainda, um bom número de angolanos que estão hoje na política e no mundo de negócios, fazem parte daqueles que beneficiaram de instrução no país ou no estrangeiro. Dado o seu nível de instrução, estes foram os escolhidos para trabalhar para o governo e obviamente estão melhor preparados ou qualificados para ajudar o país a desenvolver-se, de outra maneira Angola corria o risco de ver a sua economia controlada por todos menos os angolanos.

Portanto, desde que estes indivíduos não estejam associados a corrupção ou a nenhum outro escândalo, não se iniba de fazer negócios com eles ou com as suas empresas. Acredite que todos esses indicadores de reconstrução e desenvolvimento que tem estado a ler neste livro, só foram possíveis com a contribuição de empresas e particulares que, a dada altura, estiveram ligados ou com qualquer afiliação ao governo ou a militares. Não quero de maneira alguma aqui sugerir que isso seja correcto ou incorrecto, é simplesmente a realidade e o melhor que pode fazer para desmistificar qualquer dúvida, é de facto compreender as razões. Se der muita importância ao facto de que tal indivíduo ou empresa tem ou teve ligações com o governo ou com os militares, então estará a desperdiçar a sua grande oportunidade de fazer negócios num grande país.

Isto não invalida o facto de que em circunstância alguma deverá aderir a más práticas. Pelo contrário espera-se que se comporte e actue com ética e em cumprimento com as leis locais.

Resumo: Tome as precauções necessárias e avalie o sector em que pretende investir ou fazer negócios. Prepare um programa bastante completo de análise de risco. Familiarize-se com as leis locais e também com as leis de combate à corrupção do seu país para que possa evitar qualquer constrangimento, salvaguardando assim a sua posição. Como disse anteriormente, não tenha receio em fazer negócios com um indivíduo ou empresa que já não tenha qualquer ligação com o governo, desde que o mesmo não esteja associado a más práticas pois provavelmente estará a perder a sua oportunidade!

Exercícios

Numa escala de 1 a 5, em que 1 é menos provável aumentando até 5, classifique as seguintes afirmações realizando um círculo em redor da sua resposta:

1 – Pretendo implementar políticas que tratem de questões relacionadas com as parcerias

1   2   3   4   5

2 – A investigação deve ser proporcional ao tipo de relação profissional

1   2   3   4   5

3 – A política da minha empresa não permitirá qualquer relação com empresas ou indivíduos que alguma vez tenham estado associados a escândalos, corrupção ou más práticas

1   2   3   4   5

4 – O meu parceiro local não necessita necessariamente de ser especialista numa das áreas do negócio

1   2   3   4   5

5 – A minha prospecção de mercado e avaliação de risco deverá ser feita por uma firma especializada

1   2   3   4   5

Quantos pontos contabilizou?

Está pronto para o próximo passo?

4º. Passo

Respeite a Língua – Como Lidar com a Barreira Linguística?

Barreira da Língua

Se falar com um homem numa língua que ele compreende, o que disser vai para a sua cabeça. Se falar com ele na sua própria língua, o que disser vai para o seu coração

Nelson Mandela

Se não fala português, decida como quer lidar com a barreira da língua. É um erro pensar que toda a gente no mundo de negócios fala inglês, só porque é a língua comercial. Aconselho-o a aprender português, mas é claro será uma solução para o futuro. A curto prazo, talvez seja melhor contratar alguém que fale a sua língua e o português ou um intérprete que o possa acompanhar.

Se falar português não só eliminará as barreiras da comunicação da comunicação mas também deixará uma boa impressão quando se aperceberem que fez um esforço em aprender a língua do país em que quer fazer negócios. Falar a língua não só facilitará a comunicação, mas também o seu negócio em geral.

Caso Práctico
Hugh Moss – Cambridge English Language Assessment

"Estamos a avançar a passos seguros para trazer a nossa área de perícia para o país. O facto de eu falar português fez com que eu tivesse uma boa experiência em todas visitas que fiz ao país. As pessoas são muito simpáticas e dispostas a ajudar e expressam um desejo genuíno em colaborar e partilhar informação".

Mas o facto de não falar português não deverá inibi-lo de fazer negócios em Angola. Os angolanos são bastante adaptáveis e facilmente aceitam outras culturas. Um bom número de investidores estrangeiros de várias partes do mundo resolveram com sucesso a barreira da língua fazendo parcerias com empresas locais tal como sugeri anteriormente.

Nos hotéis encontrará normalmente alguém que fale inglês e acredito mesmo que quase todos os recepcionistas falam inglês, por isso poderão apoiá-lo. Um empresário por mim entrevistado, disse-me que inicialmente teve algumas experiências de comunicação relativamente complicadas. A estas dificuldades existiu também o incómodo que teve em se movimentar na cidade de Luanda por causa do trânsito, pois não conhecia a cidade e como tal não sabia para onde se dirigir. No entanto alguém o ajudou a contratar um intérprete de origem sul-africana que, também não estava bem familiarizado com a cidade e consequentemente orientou-o para o local errado. Desde então ele decidiu imprimir um mapa com as direcções do local onde pretendia dirigir-se para mostrar ao motorista caso este não falasse inglês. Este é um bom conselho a seguir, com um mapa assinalado o motorista poderá ver as imagens e levá-lo para o destino certo.

Segundo o meu entrevistado, é importante conhecer o historial do intérprete e, se possível, contratar um motorista que fale a sua língua.

Resumo: A questão da comunicação deve fazer parte da sua lista de prioridades quando pensar fazer negócios com Angola. Não seja tímido, assegure-se que compreende com clareza o que foi dito, especialmente quando se tratar de reuniões de negócios.

Exercícios

Numa escala de 1 a 5, em que 1 é menos provável aumentando até 5, classifique as seguintes afirmações fazendo um círculo em redor da sua resposta:

1 – Eu não falo português, mas posso trazer alguém da minha empresa que fale a língua.

1   2   3   4   5

2 – Pretendo contratar um intérprete, agente ou motorista que fale a minha língua.

1   2   3   4   5

3 – O meu potencial parceiro local será alguém que fale a minha língua.

1   2   3   4   5

4 – Pretendo contratar o intérprete por recomendação.

1   2   3   4   5

5 – Terei sempre comigo mapas dos locais para onde me pretendo deslocar.

1   2   3   4   5

Quantos pontos contabilizou?

Está pronto para o próximo desafio?

5º. Passo

Tente o Mercado - Como Começar?

> *A chave número um para nós sempre foi sempre contratar pessoas muito inteligentes*
>
> Bill Gates

Contrate Profissionais

Antes de iniciar qualquer actividade no mercado, deverá primeiro procurar aconselhamento jurídico de um advogado que conheça as leis locais. Tenho assistido a muitos casos de investidores privados que querem fazer tudo por conta própria (atitude de "faça você mesmo" ou DIY em inglês), por falta de confiança, para poupar nos custos, ou talvez com receio que estes pagamentos sejam interpretados como subornos.

A percepção de que a corrupção é o único meio de fazer negócios em Angola é um mito. Como em qualquer outro local, para obter o conhecimento, a informação e a orientação que necessita para se estabelecer, deve procurar ajuda de um profissional que o aconselhe no seu caso em específico, e por isso terá de pagar honorários.

Um advogado irá aconselhá-lo em todos os aspectos legais do negócio que pretende fazer, incluindo qualquer possível imprevisto que possa surgir e que, com ajuda jurídica poderá ser evitado. Como exemplo, vários clientes meus livraram-se de grandes gastos de dinheiro em comissões ou propostas mal negociadas, pelo facto de terem contratado os serviços de um profissional desde o início das suas operações no país. O facto de eu ter conhecimento da lei inglesa e angolana e de falar português e inglês também acrescentou valor aos meus serviços ajudando assim muitos investidores a entrar no país com o mínimo de complicações.

A maioria destes clientes percebia que a lei era diferente, mas de qualquer forma queria aplicar as mesmas regras do seu país de origem, o que os poderia provocar vários constrangimentos. Com certeza deve sempre ser possível estabelecer um equilíbrio, e obviamente, o bom senso deverá sempre prevalecer. Existem alguns princípios que pode e deve levar consigo, tais como as disposições do Bribery Act (Reino Unido), ou do Foreign Corrupt Practices Act 1977 (EUA), boa governança, bons padrões, boa qualidade, etc., que deverão ser aplicadas onde quer que vá fazer negócios. Mas especialmente, se vai negociar em Angola ou aí registar o seu negócio, deverá procurar aconselhamento especializado quer para o informar sobre o sistema tributário do país quer sobre qualquer outro aspecto relevante para o seu investimento. O advogado poderá negociar a proposta ou qualquer outro contrato, poderá tratar de toda a papelada legal, acompanhá-lo a reuniões e dar-lhe assistência com as autoridades competentes aquando da sua aplicação. Como complemento o advogado poderá auxiliá-lo com a *due diligence*, pesquisa de mercado e avaliação de risco, assim como assegurar-se de que as suas transacções sejam efectuadas de forma legal. Assim estará legalmente protegido, o que lhe dará paz de espírito.

Deverá igualmente contratar um bom contabilista local ou consultor financeiro para orientar no âmbito de impostos, problemas financeiros e outros relacionados. Irá necessitar de alguém que trate da sua contabilidade assim que começar o seu negócio, mas antes convém entender o processo, por isso, contrate um consultor apropriado desde o início.

Talvez precise de um arquitecto ou engenheiro para trabalhar no seu projecto e um profissional local seria a melhor aposta.

Resumo: Procure aconselhamento jurídico logo no início do seu negócio. Procure também aconselhamento financeiro de um perito em finanças ou contabilidade e contrate-os posteriormente para cuidar das suas finanças, contabilidade e auditoria. Faça uma lista das suas preocupações em geral e tente esclarecê-las com um especialista. Siga os conselhos providenciados e em caso de alguma dúvida uma segunda opinião irá oferecer-lhe algum conforto. Esteja protegido. Encontrará uma lista de contactos na Embaixada do seu país, peça ajuda ao seu parceiro local ou agente.

Actividade

Assinale com um √ ou X em cada quadrado

Tenho uma lista de profissionais que posso precisar?

Estou a contemplar contratar um ou mais especialistas?

Será que que encontro no o país o tipo de peritos que necessito?

Agora faça as suas anotações

Investimento Estrangeiro

Nos últimos treze anos o país crioumecanismos e tem ajustado os seus sistemas de forma a tornar-se mais atractivo para o investimento estrangeiro, e os resultados são bem visíveis. O *World Investment Report* da UNCTAD 2013 indica que o investimento directo interno em Angola foi de um total de 1,9 biliões de dólares americanos e externo de 9,8 biliões de dólares americanos e segundo a extinta ANIP, Angola foi considerada pela *EAU Annual investment Meeting* ter o terceiro melhor investimento em projectos da África subsariana. Estes indicadores são uma perfeita demonstração de que Angola está apta para negócios e que leva muito a sério o investimento estrangeiro como força condutora da sua economia.

O investimento estrangeiro é regulado pelo Direito Comercial e pela nova Lei do Investimento Privado (LIP). Esta legislação foi muito recentemente decretada de forma a receber o investimento privado numa atmosfera mais favorável e como tal prevê uma série de alterações ao sistema que têm estado já a ser implementadas. Neste contexto a antiga ANIP foi extinta como antes referi, e uma nova agência para promover o investimento e as exportações, a APIEX, foi criada em sua substituição. Igualmente uma nova instituição, a Unidade Técnica para o Investimento Privado (UTIP) foi recentemente estabelecida com o objectivo de verificar todos os investimentos de valor superior a 10 milhões de dólares americanos assim como todos os projectos em finanças, diamantes e minérios. Por sua vez o Ministério da Indústria criou também uma nova instituição, o Instituto Nacional de Inovação e Tecnologias Industriais (INITI), para a promoção e desenvolvimento da indústria de processamento, ciência e tecnologia no sector.

O investimento pode ser interno ou externo, poderá ser efectuado por uma pessoa singular ou colectiva e aplica-se a residentes ou não residentes independentemente da sua nacionalidade.

Todo o investimento no país, desde que venha de forma legal, é bem-vindo, independentemente do valor em causa. A eliminação de restrições no montante a investir, oferece a muitos investidores estrangeiros a oportunidade de tentarem investir no mercado sem terem necessariamente de se comprometer com um montante financeiro elevado, como previa a legislação anterior em que estariam apenas autorizados a fazer como investimento mínimo a quantia de um milhão de dólares americanos.

Para o investimento privado interno, esta lei só se aplica a investimentos acima dos 50 milhões KZ. Mas se entretanto quiser beneficiar de incentivos fiscais, será exigido que invista um montante mínimo, conforme explicado a seguir sob o título "incentivos ao investimento".

De acordo com esta nova lei, qualquer investimento indirecto que pretenda incluir no seu negócio não deverá exceder 50% do valor total do investimento.

A lei obriga-o também a fazer parceria com um local se pretender investir nos sectores da água e eletricidade, hospitalidade e turismo, transportes e logística, construção, telecomunicações e informação tecnológica e comunicação social e difusão. Essa parceria local, seja ela pessoal ou colectiva deverá ser proprietária no mínimo de 35% das acções do montante investido assim como deverá também ter parceria na gestão da "joint venture".

É obrigatório contratar mão-de-obra local e providenciar formação. Contudo não está impedido de recrutar internacionalmente no caso de não conseguir preencher as vagas com a força laboral local.

O estatuto de investidor privado só é atribuído a quem fizer o investimento, logo se este for feito pela sua empresa, apenas ela irá beneficiar do estatuto de investidor privado, não os seus accionistas.

Todos os projectos de investimento privado, sejam internos ou externos, são aprovados pela respectiva entidade governamental responsável pelo sector no qual está a investir. Isto quer dizer que se o seu investimento for no sector agrícola, o seu projecto será aprovado pelo Ministério da Agricultura o que de facto representa uma grande melhoria à legislação anterior, que requeria a aprovação da ANIP para qualquer investimento até um valor de 10 milhões de dólares e a aprovação do Presidente para investimentos que excedessem esse valor. A intenção é reduzir a burocracia através da descentralização e simplificação do processo, encurtando assim significativamente o tempo de aprovação dos projectos, o que vai sem dúvida facilitar o investimento privado no país.

Mas que protecção jurídica terá ao seu investimento? Fique tranquilo, os seus direitos como investidor privado estão devidamente acautelados pela lei. Se algo não correr como o previsto, poderá instaurar processos e defender-se contra casos apresentados contra si, ou à sua empresa assim como receber restituição financeira em caso de expropriação; os seus investimentos privados não serão sistematicamente nacionalizados, mas caso venha a ocorrer os seus direitos estarão garantidos; a lei garante privacidade, confidencialidade e protecção recíproca nos acordos de investimento (baseada em contratos de cooperação bilateral).

Incentivos e benefícios ao investimento

A lei fiscal angolana contempla vários incentivos de modo a encorajar investidores privados a investir no país. A expectativa é que estes dêem o seu contributo para o crescimento da economia, para o melhoramento da produtividade, que promovam a criação de postos de trabalho e bem-estar da população, que ajudem a promover as regiões mais desfavorecidas do país, que promovam parcerias entre angolanos e estrangeiros. Espera-se ainda dos investidores, que as suas actividades ajudem a diminuir a importação e a aumentar a exportação, que contribuam para a reconstrução, expansão e melhoramento das infra-estruturas do país, enfim, que deem o seu contributo em tudo o que directamente esteja relacionado com a melhoria da actividade económica.

Porém, para que possa usufruir de tais incentivos e de um número extensivo de benefícios fiscais e aduaneiros, deve investir no mínimo 1 milhão de dólares americanos se for investidor estrangeiro, e se for investidor local privado deve investir um mínimo equivalente a 500 mil dólares americanos.

Esses benefícios incluem isenção e redução de impostos, deduções da matéria colectável, amortizações e reintegrações aceleradas, contribuições e direitos de importação, crédito fiscal, diferimento no tempo de liquidação de impostos, créditos especiais para maquinaria, equipamentos, e matéria-prima.

Os incentivos e benefícios fiscais não são concedidos automaticamente, de forma indiscriminada ou com tempo ilimitado. Em termos práticos, os incentivos aos quais terá direito dependerão do termo do seu investimento, do montante investido, da localização, do sector de investimento, da criação de postos de trabalho locais, e da parceria com parceiros locais. O apresentado consta do plano governamental relativamente à priorização das áreas de negócios que irão ajudar a diversificar a economia, e que clamam por investimento privado que possa apoiar o seu crescimento sustentado.

O período qualificativo pelo qual poderá disfrutar dos incentivos que lhe forem concedidos é de dez anos, o que significa dizer que durante este período não necessita de se preocupar com qualquer imposto já que beneficiou de deduções como incentivo ao investimento feito.

Caso Práctico
Prodit Engeneering Italia

Esta empresa entrou em parceria com uma empresa Angolana com o objectivo de trazer *know-how* para a produção de equipamento escolar e de laboratório. A empresa entrou em Angola utilizando os meios correctos, associou-se a um parceiro local e estabeleceu o seu negócio na ZEE. Preencheu assim todos os requisitos exigidos pela lei que a qualificaram a beneficiar dos incentivos disponíveis para investidores estrangeiros. Angola está muito receptiva a projectos como estes no processamento da indústria que irá providenciar postos de trabalho e ajudar o sector da educação. Conforme explicado por Maria Gentile, a homóloga angolana: "o interesse neste projecto está relacionado com a sua importância em beneficiar o país assim como a nossa empresa".

Actividade

Assinale com um √ ou X em cada quadrado

Será que o meu negócio se enquadra num sector que irá beneficiar o país como no caso prático acima?

Terei que refazer o meu modelo de negócios para beneficiar dos incentivos?

Pretendo estabelecer o meu negócio numa localização recomendada como a ZEE ou outro Pólo industrial?

Faça as suas anotações
Faça uma lista dos benefícios que espera usufruir

Constrangimentos

Existem alguns constrangimentos que podem tornar sua a entrada no mercado num desafio, como por exemplo: dificuldades na obtenção do visto de entrada; o sistema bancário talvez não esteja preparado ou receptivo a colaborar no seu investimento; pode deparar-se com juros elevados; insuficiência de fundos; grande dependência de bens importados; falhas de produtividade; falha de recursos humanos qualificados; ineficiência no fornecimento de energia e sistemas de distribuição de água; hotéis e hospitalidade a custos muito elevados; trânsito excessivo especialmente em Luanda; grande nível de analfabetismo e um fraco sistema educacional; fraco sistema de saúde e por consequência grande taxa de mortalidade. Como ultrapassar tudo isto? Tudo se ultrapassa com perícia, seja SMART!

Caso prático
Yen Chen, arquitecto e consultor de design de interiores na G1 Architecture

Visitei Luanda pela primeira vez numa missão empresarial do UKTI em 2014. Considero que o país oferece grandes oportunidades para esta empresa devido ao crescimento astronómico da construção, mas penso que apenas com um parceiro local seremos capazes de assegurar novos projectos. A nossa maior preocupação são os recursos humanos e os custos iniciais associados à abertura de um novo escritório sem ter um projecto real para trabalhar. Angola continua a ser atractiva para o investimento estrangeiro, mas tem como obstáculos principais a burocracia, vistos, barreira linguística e os custos iniciais.

Actividade

Assinale com um √ ou X em cada quadrado

Estou preparado para investir o capital exigido de modo a usufruir dos incentivos?

Poderá alguns dos constrangimentos acima mencionados impedir que o meu projecto se implemente?

Faça as suas anotações

Pensador Kioko - Jaimagens.com

Quadro Jurídico

Angola é um país de direito civil. A sua primeira constituição foi redigida em 1975 após a sua independência, tendo esta sido substituída em 1991 de forma a conciliar as mudanças políticas da democracia do estado e após várias alterações, a actual constituição entrou em vigor em 2010.

A legislação é a fonte primária da lei e os julgamentos são baseados na legislação. Não existe nenhum precedente vinculativo como no sistema jurídico comum, contudo ao darem a sentença os tribunais examinam a jurisprudência. O direito consuetudinário é amplamente aceite mas não está incorporado na lei. Um exemplo clássico é o casamento tradicional (referido na Parte 1, Passo 1 do livro, sob o título "Cultura"). Apesar de essa tradição ainda ser largamente praticada, o casamento apenas é válido e reconhecido por lei se realizado pelo registo civil.

O sistema jurídico está a ser reestruturado, mas actualmente são os seguintes tribunais que servem a justiça do país:

1 – Tribunais Superiores – constituídos pelo Tribunal Supremo que actua como Tribunal da Relação; Tribunal Constitucional que trata de matérias constitucionais; Tribunal Supremo Militar que lida com matérias relacionadas com as Forças Armadas e o Tribunal de Contas que lida com matérias fiscais.

2 – Tribunais Provinciais – localizados em cada província, lidam com matérias civis e criminais – propriedade, insolvência, laboral, família, menores assim como questões administrativas.

3 – Tribunais Municipais – são tribunais de primeira instância.

Angola tem também um Tribunal Marítimo que lida com as questões marítimas e Tribunais de Arbitragem.

Imagino que esteja interessado em saber onde certas leis sobre o seu investimento ou negócio podem ser encontradas. Todas as leis do Parlamento são assinadas e promulgadas pelo Presidente da República e publicadas na Série I no Diário da República. As leis publicadas são:

- Leis constitucionais
- Leis e resoluções promulgadas pela Assembleia Nacional
- Decretos e despachos presidenciais
- Decretos-lei, decretos e resoluções do Conselho de Ministros
- Decretos executivos e despachos ministeriais, de natureza legislativa.

O sistema jurídico angolano é geralmente classificado como dispendioso, no entanto é muito dinâmico e está em constante mudança. Á medida que se realiza a reconstrução, o desenvolvimento e o crescimento do país, são necessárias novas leis para incluir as respectivas alterações. Há pouco tempo, um potencial investidor estrangeiro disse-me que a sua maior preocupação em relação ao investimento em Angola, eram as constantes mudanças na lei, o que não proporciona aos investidores estrangeiros um ambiente de confiança e segurança a longo prazo. Esta preocupação é bastante válida, mas se por um lado gostaria de ter mais estabilidade para que o seu investimento esteja protegido pelo instrumento jurídico em vigor pelo menos por uns bons anos, por outro lado é necessário promulgar novas leis para acomodar a nova realidade do país. É importante que novas leis sejam decretadas sempre que necessário de forma a acompanhar o desenvolvimento sócio-económico do país. Lembre-se de que o país está a mudar a sua imagem, e em termos de negócios e investimento, Angola é apenas um adolescente e ainda tem uma longa caminhada a percorrer. O sistema regulatório, por exemplo, está ainda por desenvolver, uma vez que a maioria dos sectores necessita de criar entidades reguladoras, o que não tem sido fácil devido à carência de quadros preparados para essa função. Seguidamente mencionará algumas leis que lhe podem interessar enquanto investidor privado:

Lei do Investimento Privado (APIL) – Lei 14/15 de 11 de Agosto – Revoga na sua totalidade a lei anterior do investimento privado 20/2011 de 20 de Maio e regula todo o investimento privado no país fornecendo incentivos fiscais e isenções a investidores privados.

Agência para a Promoção de Investimento e Exportação de Angola (APIEX) – Lei n.º 184/15 de 30 de Setembro – Agência recém-criada com a tarefa de promover investimento e exportações de Angola.

Unidade Técnica para o Investimento Privado (UTIP) – Lei 182/15 de 30 de Setembro – Uma instituição criada recentemente para apoiar o executivo na preparação, avaliação e negociação de investimentos com um valor superior a 10 milhões de dólares americanos.

Lei da Simplificação do Processo da Constituição de Sociedades Comerciais – Lei 11/15 de 17 de Junho – Foi aprovada com o objectivo de simplificar a constituição de sociedades comerciais, reduzindo assim a burocracia e os entraves administrativos. Esta lei alterou, substancialmente, o Código Comercial, o Código do Notariado, a Lei das Sociedades Comerciais e a Lei das Sociedades Unipessoais.

Regime Jurídico de Estrangeiros – Lei 2/07 de 31 de Agosto – Controlo de imigração. Regula o sistema de vistos e aplica-se a todos os cidadãos estrangeiros que queiram ir para Angola.

Regulamento do Sistema Jurídico dos Estrangeiros – Decreto Presidencial 108/11 de 25 de Maio – Clarifica os princípios do sistema jurídico do Regime Jurídico dos Estrangeiros aprovado pela Lei n.º 2/07 de 31 de Agosto. Também ajusta o regulamento do Sistema Jurídico de Estrangeiros ao novo regime.

Tratados Bilaterais de Investimento (TBI) – Decreto Presidencial 122/14 – Prevê um tratamento justo dos investimentos e protege contra expropriação. Angola tem Tratados Bilaterais de Investimento com Cabo Verde, Russia, Itália e Alemanha.

Lei da Arbitragem Voluntária – Lei 16/03 de 25 de Julho – Regula a arbitragem nacional e internacional.

Lei Geral do Trabalho – Lei 7/15 de 15 de Junho – Revoga completamente a Lei 2/00 de 11 de Fevereiro. Regula toda a relação laboral em Angola e de cidadãos angolanos a trabalhar no estrangeiro; Fornece importantes disposições sobre os contratos de trabalho a tempo fixo, procedimentos para resolução alternativa de conflitos em relação a conflitos laborais. Assim como também prevê limites ao pedido de readmissão ao trabalho em caso de despedimento.

Lei Cambial – Lei 5/97 de 27 de Junho – Define o conceito de residência cambial e não residência cambial e o respectivo enquadramento de nacionais e estrangeiros, no que diz respeito à abertura de contas em moeda estrangeira.

Operações Cambiais de Invisíveis Correntes – Ordem 13/13 de 6 de Agosto – Banco Nacional de Angola – Simplifica os procedimentos aplicáveis às transacções cambiais de invisíveis correntes.

Lei do Regime Cambial das Actividades Petrolíferas – Lei 2/12 de 13 de Janeiro – Obriga todas as empresas petrolíferas a fazer os pagamentos de bens e serviços com moeda nacional.

Código Mineiro de 2003 – Uma legislação bastante detalhada que teve como objectivo atrair investimento estrangeiro.

Alvará Comercial – Em 2013 foram aprovadas novas regras que simplificam o procedimento para a emissão de Alvarás Comerciais, reduzindo assim a burocracia. O registo é obrigatório para todos os comerciantes e será emitido um alvará a todos os importadores e exportadores.

Código Penal – Entrou em vigor em 2014 e classifica o crime de branqueamento de capital.

Acordos de Marketing – Lei 18/03 de 12 de Agosto – Acordos para agentes, distribuição, franchising e concessões comerciais.

Comércio Electrónico – Decreto 202/11 de 22 de Julho – Regulamento das Tecnologias e dos Serviços da Sociedade da Informação.

Publicidade – Lei 9/02 de 30 de Julho – aplicável a todos os tipos de publicidade independentemente do meio de comunicação usado.

Lei de imprensa – Lei 7/06 de 15 de Maio – Prevê requisitos específicos para a imprensa, rádio, televisão e propaganda.

Um novo pacote legislativo está a ser preparado e tem como objectivo alterar a Lei de Publicidade e criar uma Lei do Jornalismo, Rádio e Televisão.

Lei da Protecção de Dados – Lei 22/11 de 17 de Junho – Define as regras e requisitos de marketing directo que os processadores de dados têm de cumprir.

Lei da Informação e Comunicações Tecnológicas – Lei 23/11 de 20 de Junho — Regras específicas de protecção de dados relativas aos dados pessoais gerados por comunicações electrónicas.

Regulamento de Técnicas e Serviços de Sociedade de Informação – Decreto Presidencial 41/87 de 20 de Julho.

A Lei de Protecção do Consumidor – Lei 15/03 de 22 de Julho – Os vendedores, produtores, fabricantes, construtores ou fornecedores de serviços, sejam eles angolanos ou estrangeiros são responsáveis pelos danos causados ao consumidor resultante de defeitos dos seus produtos ou serviços. Proíbe publicidade enganosa que seja considerada crime nos termos do artigo 43 do Código Penal.

Nova Pauta Aduaneira – Entrou em vigor em 2014 – Tem como objectivo a promoção do produto interno de forma a estimular o crescimento económico e a desencorajar a importação de produtos que podem ser produzidos no país.

Alterações ao Imposto de Consumo e Direitos Aduaneiros – Decreto Presidencial 5/15 de 21 de Setembro – Aumento do imposto sobre produtos superflúos e redução de imposto sobre equipamentos para produção nacional.

Código do Imposto Industrial – Lei 19/14 de 22 de Outubro – Entrou em vigor em Janeiro de 2015.

Certificado do Concelho Nacional de Carregadores de Angola (C.N.C.A) – Lei 12/94 de 28 de Janeiro – Toda a carga destinada a Angola tem de ter uma licença de importação e cada conhecimento de embarque deve ser acompanhado por um certificado de carregamento.

Lei da Concorrência

Angola não tem uma lei da concorrência, todavia o estatuto prevê a proibição de certos acordos e práticas restritivas. Por exemplo o monopólio ou oligopólio que possa dificultar a independência dos meios de concorrência justa estão expressamente proibidos. Em 2011 foi criado um gabinete para tarifação e concorrência para resolução de questões sobre práticas anti concorrência.

As fusões e aquisições não são reguladas de forma específica.

Propriedade Intelectual

Angola é membro da *World Intellectual Property Organization (WIPO)*. A fim de identificar e codificar os pedidos de patentes e marcas registadas, esta segue as classificações de patentes, produtos e serviços internacionais. Adicionalmente, Angola é signatária da Convenção de Paris para a Proteção Industrial da Propriedade Intelectual, o que de certa forma oferece alguma segurança aos que levam para o país inovação, tecnologia e novas ideias.

Marcas registadas, patentes e *designs* são da responsabilidade do Ministério da Indústria e direitos de autor tais como autoria, direitos artísticos e literários são da responsabilidade do Ministério da Cultura.

Informação confidencial

A lei não **contempla** qualquer provisão para informação confidencial como, por exemplo, informação confidencial de uma pessoa singular ou empresa, de documentos ou outros. A única excepção é a violação da propriedade industrial como forma de concorrência desleal. Entretanto é garantida a protecção aos segredos comerciais de um concorrente que, de um modo geral, não sejam conhecidos ou facilmente acessíveis por pessoas que sejam susceptíveis de ter acesso a esse tipo de informação. No entanto, estes segredos comerciais devem ter sido objecto de acções relevantes para assegurar a confidencialidade, como também devem ter algum tipo de valor comercial inerente à sua confidencialidade. A sua protecção será assegurada enquanto o segredo comercial permanecer confidencial, mas é preciso que haja um acordo de não-divulgação. Em caso de violação do contrato, o proprietário terá o direito de intentar uma acção de indemnização por perdas e danos, bem como um processo penal contra os autores.

Actividade

Assinale com um √ ou X em cada quadrado

Estou familiarizado com os instrumentos jurídicos aplicáveis as minhas circunstâncias?

Existe algum aspecto da legislação que me faria reconsiderar a minha decisão para investir em Angola?

Sinto que o meu investimento está protegido pela lei?

Anotações

Impostos

Angola tem estado a submeter-se, há algum tempo, a uma grande reforma do seu sistema tributário, de modo a acompanhar o desenvolvimento do país. Assim, uma nova taxa aduaneira dos direitos de importação e exportação, entrou em vigor em Janeiro de 2014, tendo aumentado substancialmente diversas taxas à importação de alguns bens no entanto também reduz as taxas aduaneiras das matérias-primas usadas em algumas indústrias.

Em Janeiro de 2015 foi introduzido um novo código, concebido para revolucionar o sistema fiscal. A intenção é encorajar a industrialização e produção local à medida que se reduz a importação de bens que poderão ser produzidos no país. Como se podia prever este novo código causou muita controvérsia, principalmente por parte dos comerciantes, pois estes temeram pelos seus negócios.

Durante muitos anos não existiu em Angola um sistema efectivo para contribuição de impostos, tendo-se tornado assim uma tarefa árdua, persuadir as empresas e particulares a cumprir com as suas obrigações fiscais. Embora historicamente a cobrança de impostos não tenha sido muito efectiva, e muitos tenham arranjado maneira de escapar ao fisco, o sistema está finalmente a mudar e impõe multas pesadas a quem não cumprir o seu dever.

O sistema fiscal inclui:

1 – Impostos sobre o rendimento, nomeadamente o Imposto Industrial, Imposto sobre os Rendimentos do Trabalho, Imposto sobre a Aplicação de Capitais e o Imposto Predial Urbano;

2 – Impostos sobre o consumo nomeadamente o Imposto sobre o Consumo e os Direitos Aduaneiros;

3 – Impostos sobre a propriedade nomeadamente o Imposto Predial Urbano, Imposto sobre Transmissão Onerosa de Bens Imóveis (SISA) e o Imposto sobre as Sucessões e Doações.

Para além destes, há ainda o Imposto de Selo, que incide sobre determinados actos ou contratos relacionadas com o sistema financeiro, e foram também criados regimes especiais de impostos para a indústria petrolífera e mineira.

Angola não é signatária de qualquer convenção de dupla tributação ou de imposto de valor adicionado (IVA) em produtos ou serviços. Também não existem benefícios fiscais em impostos estrangeiros pagos pelas empresas angolanas.

As empresas que realizam actividades comerciais e as indústrias em Angola estão sujeitas ao pagamento do imposto sobre as empresas em todas as fontes de rendimento proveniente de Angola; as empresas residentes em Angola pagam impostos pelo seu rendimento global; as empresas não residentes pagam imposto sobre as empresas se realizarem o seu negócio através de um estabelecimento permanente em Angola; os impostos sobre os rendimentos pessoais (IRT) são pagos por todas as pessoas singulares sejam eles residentes ou não residentes em Angola mas que tenham um rendimento no país; o imposto sobre o consumo é pago sobre a produção e importação de bens e fornecimento de serviços.

Algumas considerações sobre impostos a saber:

Imposto industrial - Aplica-se ao rendimento global de todas as empresas residentes angolanas numa taxa de 30%. Esta taxa é paga em duas prestações e poderá ser reduzida dependendo do tipo de actividade.

Empresas com sede registada ou com um espaço efectivo de gestão em Angola são tratadas como residentes em termos fiscais.

As empresas com o domicilio fiscal fora de Angola mas que realizem actividades comerciais ou industriais no país, estão sujeitas às mesmas taxas que empresas residentes.

Os serviços que se seguem estão isentos: educação, saúde, finanças e empresas de seguros, telecomunicações, transportes de passageiros, hotéis e serviços similares, maquinaria e equipamento.

Imposto sobre os rendimentos do trabalho (IRT) – aplicável a todo o rendimento proveniente de actividades de pessoas singulares por conta própria ou por conta de outrem.

Os empregados residentes sujeitos a impostos são os que, regularmente ou ocasionalmente, recebem um rendimento (sujeito a emprego) e permanecem em Angola durante, pelo menos, sessenta dias do ano fiscal. Os empregados residentes pagam uma taxa progressiva que varia entre 5% a 17% de acordo com o salário ganho. Esta percentagem é cobrada a todos os trabalhadores que ganhem um salário igual ou superior a 230.000 KZ por mês. A taxa de imposto para actividades por conta própria é de 15%.

A entidade patronal paga 8% de contribuições para a segurança social dos salários e benefícios adicionais e os trabalhadores pagam 3%. Os trabalhadores em fase de transição para iniciar a sua actividade em Angola poderão optar em não entrar no esquema de segurança social.

Imposto sobre aplicação de capitais – Este imposto incide-se sobre rendimentos provenientes da simples aplicação de capitais por pessoas singulares ou colectivas com domicílio em território angolano. O imposto está sujeito a uma taxa de 5%, 10% ou 15%, dependendo do tipo e natureza do rendimento, que poderá ser juros sobre empréstimos ao banco (os chamados depósitos a prazo), lucros de accionistas ou sobre dividendos ou repatriação de lucros de estabelecimentos estáveis, *royalties*, títulos de divida pública entre outros. O imposto poderá ser avaliado pelas autoridades fiscais ou sujeito a retenção de imposto.

Imposto de consumo – Este imposto é pago sobre o leasing de espaço de estacionamento de carro colectivo a uma taxa de 5%, contratos de leasing de máquinas e outros equipamentos, bem como o trabalho em activos tangíveis. O imposto sobre serviços tais como consultoria jurídica, economia, finanças, contabilidade, auditoria, tecnologias da informação, telecomunicações, engenharia, arquitectura, aluguer de transporte de passageiros, tais como veículos terrestres, marítimos e aéreos, carga e contentores, incluindo os serviços de armazenamento da carga associada com o referido serviço de transporte, viagem e turismo, água e energia, centros para conferências e espaços para eventos, acesso a espectáculos e eventos culturais, artísticos e desportivos, casas e condomínios é de 5% quando estes são exclusivamente realizados no país. O gasóleo e a gasolina pagam também um imposto de 5%.

Se a entidade prestadora de serviços for residente fiscal fora de Angola, a entidade residente em Angola, adquirente dos respectivos serviços, deverá avaliar e pagar os impostos devidos.

Restrições sobre os empréstimos de empresas estrangeiras – Não existem regras de tributação sobre os empréstimos de estrangeiros, no entanto, aplica-se o *arm's length principle* às operações comerciais ou financeiras realizadas entre partes relacionadas.

Imposto sobre as importações e exportações – As tarifas das taxas de direito de importação variam entre 2% e 50% de acordo com a classificação do produto. Algumas importações podem estar sujeitas a uma taxa reduzida de 2% (como abastecimento interno) ou a uma taxa máxima de 50% (como por exemplo, produtos de luxo).

Em geral as exportações não estão sujeitas a direitos aduaneiros. No entanto, algumas estão sujeitas a tarifas *an ad valorem* e as taxas variam entre 10% a 20%, ainda de acordo com a classificação do produto.

Imposto predial urbano – Os bens imóveis não arrendados estão sujeitos a uma taxa de 0,5% sobre o valor do património e bens imóveis arrendados estão sujeitos a uma taxa de 15% sobre o valor da renda.

Imposto sobre transmissão onerosa de bens imóveis (SISA) – O imposto de SISA é de 2% a ser pago pelo comprador.

Imposto sobre sucessões e doações – As transmissões gratuitas de bens, por via de doação ou transmissão por morte estão sujeitas a uma taxa de 30%.

Regime tributário aplicável à indústria petrolífera – A indústria petrolífera está sujeita a um tratamento fiscal diferente. Os serviços fornecidos às empresas petrolíferas têm de ser avaliados pelo fornecedor e, em seguida, adicionados à respectiva factura. Contudo, o imposto é pago pela empresa petrolífera que deve reter o imposto aplicável. Os serviços prestados, enquanto a empresa petrolífera se encontra exclusivamente em áreas de concessão numa fase de exploração, estão isentos do imposto de consumo até à sua primeira produção comercial.

Imposto sobre mineração – Assim como o petróleo, a indústria mineira está sujeita a um regime especial de tributação com base em três princípios:

1 – Imposto sobre o rendimento – tributação sobre os ganhos;

2 – *Royalty* – tributação sobre o valor dos minerais extraídos;

3 – Imposto de Superfície – os impostos dependem da extensão da área licenciada. A taxa do imposto sobre o rendimento é de 40%, tendo em conta os custos de investigação, reintegração dos activos fixos e obrigações de recuperação ambiental.

O imposto sobre royalties varia entre 2% a 5% dependendo se se trata de pedras e metais preciosos, pedras semi-preciosas, metais, minerais e outros recursos minerais.

Emprego

Qualquer que seja o motivo pelo qual está interessado no mercado angolano, quer como investidor, empresário, empregador ou empregado, não é de mais sublinhar o quão é importante familiarizar-se com a lei laboral logo no início do seu processo.

A nova Lei Geral do Trabalho, promulgada em Setembro de 2015, estabeleceu importantes disposições sobre os contratos a termo fixo, tornou a empregabilidade e a relação entre empregadores e empregados mais fáceis e tornou também obrigatórios os sistemas alternativos de resolução de litígios.

É necessário um contrato por escrito para todos os contratos de trabalho temporários e contratos de trabalho celebrados com trabalhadores estrangeiros. O objectivo é garantir a protecção que os trabalhadores gozam, nos termos da legislação do trabalho. O contrato de trabalho deve ser escrito num idioma que seja compreendido por ambas as partes e pelas autoridades angolanas. Se o contrato estiver redigido em português e este não for o seu idioma, o bom senso lhe dirá para o traduzir.

Lidar com os trabalhadores em Angola pode ser um grande desafio. Os serviços de apoio ao cliente não são dos mais eficientes e existe a ideia generalizada de que os empregados não estão muito preocupados com a sua produtividade. Na verdade, se o crescimento fosse medido pela produtividade *"per capita"*, acredito que os indicadores de crescimento seriam completamente diferentes. Na minha opinião, a solução é investir na educação, capacitação e formação de recursos humanos, bem como dar incentivos aos trabalhadores caso sejam eficientes. Este facto originária que todos desejassem recebê-lo e por isso seriam mais produtivos. Além disso, como já referido anteriormente, existe uma escassez de mão-de-obra qualificada em todos os sectores, o que dificulta a realização de negócios. A boa notícia é que Angola tem uma população muito jovem e que está ansiosa por aprender. Verifique em seguida como um dos meus entrevistados resolveu o problema:

Caso prático
Carlos Alberto Cardoso Fontes da CCJ - (mencionado acima)
Entre os muitos desafios que temos de enfrentar, lidar com a equipa é, provavelmente, o mais difícil. O desempenho dos trabalhadores é muito fraco e, como tal, a produtividade é muito baixa. Para ter acesso aos dias sem trabalho desculpabilizam-se com a morte de familiares. Isto é tão recorrente que alguns deles chegam a alegar a morte do pai, por exemplo, mais que uma vez. Às vezes, esquecem-se que a última vez que faltaram ao trabalho era o pai que tinha falecido, um mês mais tarde, alegam falta ao trabalho novamente, pelo falecimento do pai mais uma vez... O pior é que, quando alguém morre, o

funcionário pode ficar ausente do trabalho por várias semanas no "comba". A solução foi contratar 1.000 pessoas quando, efectivamente, apenas se necessitava de 300 para executar o trabalho. Para além disso, temos vindo a melhorar as condições de trabalho, por exemplo, uma cantina onde os trabalhadores comem gratuitamente. Só assim resolvemos o problema da produtividade e absenteísmo. Pelo menos a minha fábrica está a funcionar plenamente.

Actividade

Assinale com um √ ou X em cada quadrado

Terei algum problema com o sistema fiscal?

Existe algum aspecto do regime fiscal que se apresente como um desafio para o meu negócio?

Tenho algum plano para situações que apresentem um desafio como com funcionário ou outra entidade?

Faça as suas anotações

Vistos

Os vistos estão no topo da lista de reclamações dos investidores estrangeiros ou outros empresários. O país exige que o cidadão estrangeiro tenha um visto válido que lhe permitirá entrar e permanecer no país durante o período da sua visita. Os vistos podem ser requeridos nos serviços consulares angolanos no país de residência do visitante.

Se pretende visitar o país deve solicitar os documentos bastante tempo antes da data prevista da viagem. Nalguns casos, o desafio começa logo aí: verificar no website e não encontrar a informação que procura; dar entrada ao processo e mais tarde ser informado de que faltam documentos, ou que, alguns deles, precisam de ser legalizados no Ministério dos Negócios Estrangeiros. Provavelmente já reservou o seu bilhete mas acaba por perder o lugar ou o dinheiro pago, porque ainda está à espera que o seu visto seja concedido. E isto tudo sem contar com o tempo de espera no Consulado. Finalmente recebe um visto de entrada única válida por um mês. Se precisar de regressar ao país num curto espaço de tempo terá que solicitar um novo visto. Estas são as queixas mais comuns de muitos investidores estrangeiros.

Por um lado, algumas reclamações indicam dificuldades relativamente à prestação dos serviços consulares. Isto não significa que todos estes serviços sejam insatisfatórios e naqueles em que se verifica naqueles em que se regista um elevado número de reclamações, têm-se estado a fazer melhorias significativas sobretudo a nível da implementação de novos sistemas. Por outro lado, com a implementação da paz e de reconstrução do país, numa altura em que os USA e a Europa estavam a passar pela crise financeira mundial, Angola tornou-se um alvo apetecível para muitos desempregados de outras partes do mundo, principalmente da Europa. Por isso a fim de evitar a caça ao emprego em detrimento da população local, Angola implementou um duro regime de vistos, incluindo a exigência de uma carta-convite (entre vários outros documentos).

Caso prático

Muitas empresas que já operam no terreno tiveram que recorrer a outros meios para continuar as suas operações no país, sem interrupção dos seus negócios por isso a estratégia que muitas empresas adoptaram, foi garantir que mais do que um funcionário tenha um visto válido, para o caso de surgir a necessidade de uma visita urgente. Desta forma evitam o constrangimento da espera e os negócios poderão continuar a um ritmo normal.

Existem diferentes tipos de vistos disponíveis, dependendo do propósito da entrada.

Visto ordinário – este visto ser-lhe-á concedido, caso queira visitar o país para estabelecer contactos de negócios e prospecção do Mercado. O visto ordinário deve ser utilizado no prazo de sessenta dias, subsequentes à data da sua concessão e é válido por trinta dias. Este visto pode ser prorrogado duas vezes, por igual período de tempo.

Visto privilegiado – se pretende viajar para Angola, como um investidor estrangeiro, representante ou procurador de uma empresa que investe, poderá ser-lhe concedido um visto privilegiado. Este permite-lhe implementar e executar a proposta aprovada nos termos da lei do investimento privado. Existem vários tipos de vistos privilegiados em função do montante de investimento em causa. O visto permite ao seu titular múltiplas entradas e uma permanência de até dois anos prorrogável por iguais períodos de tempo. O visto privilegiado habilita-o a requisitar a autorização de residência.

Visto de trabalho – apenas trabalhadores estrangeiros com visto de trabalho ou autorização de residência estão autorizados a exercer uma actividade profissional remunerada em Angola. Se lhe for concedido um visto de trabalho, este permitir-lhe-á múltiplas entradas e deverá ser utilizado no prazo de sessenta dias subsequentes à data da sua concessão. O visto será válido para todo o período da vigência do contrato de trabalho, mas só pode ser emitido por um período máximo de trinta e seis meses.

O visto de trabalho apenas permite-lhe exercer a actividade profissional que justificou a sua concessão, e terá que se dedicar exclusivamente ao serviço da entidade empregadora que o requereu. Este é um requisito necessário para obter poderá a sua prorrogação. O visto de trabalho não permite fixação de residência.

Visto de curta duração – em caso de urgência, pode fazer um pedido de visto para uma estadia de curta duração, que será concedida por um período de sete dias. Este visto é prorrogável por igual período de tempo se permanecer na jurisdição local indicada no pedido inicial.

Visto de permanência temporária – se pretende vir a Angola para investigação científica, ou se é membro da família do titular de uma licença de residência ou cônjuge de um cidadão nacional, poderá requer um visto de permanência temporária. O visto, é válido por um período de doze meses, permite múltiplas entradas e pode ser prorrogado sucessivamente até ao termo do prazo da razão para a emissão em primeira instância. Achei por bem mencionar este visto aqui, porque existem investidores privados casados com cidadãos angolanos e isso poderia ser a melhor rota de entrada.

Visto de turista – se pretende obter um visto para lazer, desporto ou visita cultural, pode ser-lhe concedido um visto de turista válido apenas por um período de trinta dias. O prazo para o consulado para emissão do visto é de cinco dias úteis seguintes à apresentação do pedido. O visto permite múltiplas entradas e pode ser prorrogado pelo mesmo período de tempo. Alguns países são isentos de visto, desde que o visitante permaneça em Angola menos de noventa dias.

Visto ordinário – este visto ser-lhe-á concedido, caso queira visitar o país para estabelecer contactos de negócios e prospecção do mercado. O visto ordinário deve ser utilizado no prazo de sessenta dias, subsequentes a data da sua concessão e é válido por trinta dias embora poderá ser prorrogável duas vezes, por igual período de tempo.

Autorização de residência – se pretender estabelecer residência em Angola, poderá ser-lhe concedida uma autorização de residência provisória válida por 120 dias. Esta pode ser prorrogada por iguais períodos até que uma decisão final sobre a autorização de residência seja feita. Este visto permite-lhe ter uma actividade profissional remunerada. O visto pode ser temporário (emitido para um ou três anos, dependendo se enquanto empregado antecipa viver em Angola durante cinco anos consecutivos, ou menos) ou pode ser permanente, caso o cidadão estrangeiro tenha vivido por um período de dez anos consecutivos em Angola.

Actividade

Assinale com um √ ou X em cada quadrado

Sei onde devo requerer o meu visto e quais o requisitos necessários?

Que tipo de visto necessito?

Tenho alguma estratégia para o meu visto?

Faça as suas próprias anotações

Exercício

Numa escala de 1 a 5, em que 1 é menos provável aumentando até 5, classifique as seguintes afirmações fazendo um círculo em redor da sua resposta:

1 – (DYI) Sinto-me habilitado para tratar do processo de registo da empresa, das licenças, da contabilidade, dos seguros, etc., sem ajuda de especialistas

1   2   3   4   5

2 – Compreendo a lei do investimento privado e as outras leis e regulamentos relacionados com o meu negócio

1   2   3   4   5

3 – Compreendo as implicações fiscais sobre o meu negócio

1   2   3   4   5

4 – Pretendo preparar uma estratégia para lidar com os funcionários

1   2   3   4   5

5 – Não quero ser interrompido por qualquer demora na obtenção de vistos e colocarei em prática uma estratégia

1   2   3   4   5

Quantos pontos contabilizou?

S

M

A

R

T

Total de pontos em todos os exercícios

Chegou ao final do guia de cinco passos SMART. Se alcançou um mínimo de quinze pontos em cada exercício, o que corresponde a um total de setenta e cinco pontos, então está pronto para fazer negócios em Angola.

Isso mostra que encontrou no país uma boa oferta que corresponde ao seu modelo de negócios. Mostra também que está disposto a aceitar o país com os seus desafios e que está pronto a contribuir para o seu desenvolvimento. Por isso, não se acomode, tome medidas necessárias enquanto a sua ideia está a fervilhar e o seu entusiasmo elevado.

Na 2ª. Parte deste livro, será conduzido ao longo de várias estruturas empresariais e outras matérias tais como a responsabilidade social empresarial, a corrupção, a burocracia as questões ambientais, o conteúdo local, a segurança e o repatriamento de capitais que deve ter em conta ao fazer negócios em Angola.

No entanto, se não obteve quinze pontos em cada exercício e não prefez setenta e cinco no total, talvez seja melhor repensar e provavelmente fazer alguns ajustes que o ajudarão a preparar melhor a sua entrada no mercado. Ou talvez considerar a possibilidade de fazer negócios noutro local que poderá ser mais adequado àquilo que pretende.

2ª. Parte

Comece o Seu Negócio

Tipo de Estruturas Empresariais

Quando se trata da criação de uma empresa, pode ter que escolher a estrutura, a partir de várias opções, que melhor se adaptem ao seu modelo de negócios. A lei não impõe quaisquer restrições a estrangeiros sobre o tipo de negócio ou estrutura escolhida. Não são permitidos pagamentos em dinheiro, mas outras contribuições em espécie são aceitáveis, desde que acompanhadas de um relatório elaborado por um auditor independente.

Não há exigência de um capital social máximo, apenas mínimo. Os tipos de estrutura que você pode escolher serão descritos a seguir:

Sociedade por quotas de responsabilidade limitada (LDA)

Estas são sociedades por quotas. O capital social é dividido em quotas e os accionistas são, solidariamente, responsáveis pela proporção do seu investimento de capital. O mínimo capital a ser investido é de 1.000 dólares americanos ou equivalente em Kz e cada quota deve ser equivalente a pelo menos 100 dólares americanos. Sociedades por quotas são obrigadas a ser geridas por, pelo menos, um gerente, mas podem ter o número de gestores que se considerar necessário. As sociedades por quotas têm de ter pelo menos dois accionistas.

Sociedade anónima de responsabilidade limitada (SARL)

O capital é detido pelos seus membros e dividido em acções. Cada membro deterá o número de acções proporcionais ao seu investimento.

A responsabilidade de cada sócio é limitada ao valor do capital partilhado. As SARL têm de ter pelo menos cinco accionistas. O capital social mínimo é equivalente a 20.000 dólares americanos e cada acção deve ser equivalente a pelo menos 5 dólares americanos. As SARL são geridas por um conselho de directores. Deve haver um número ímpar de administradores e a empresa auto-determina o número de directores que considere necessário para o seu funcionamento. As SARL podem ter um único administrador (Administrador Único), no entanto, isto deve estar pré-estabelecido no pacto social de constituição da empresa e seu capital social obrigatório não pode exceder os 50.000 dólares americanos ou equivalente em moeda nacional.

Sociedade Unipessoal (SU)

As empresas podem ser criadas com um único accionista que pode efectuar o registo como "Sociedade por quotas" ou "Anónima". O montante mínimo do capital investido pelo accionista único, caso registado como "Sociedade por quotas", tem de ser equivalente em Kz a 1.000 dólares americanos.

Uma vez aprovado e licenciado, o seu projecto de investimento, estará pronto para registado a fim de licenciar a sua empresa no Guiché Único, o balcão que trata de todas as formalidades relativas à incorporação. O Guiché Único foi criado para facilitar e acelerar o processo de incorporação e pode ser feito em apenas um dia.

Após o registo, deve solicitar um certificado ao Ministério do Comércio – o Alvará Comercial – que poderá levar até um mês para ser concedido. Enquanto decorre o processo pode obter uma licença provisória imediata que permitirá à empresa funcionar durante 180 dias. Algumas vezes, dependendo do tipo de actividade que a empresa exerce, pode ser necessário obter um certificado suplementar da indústria relacionada com o ramo de actividade que irá exercer. Esse certificado poderá levar mais tempo a ser concedido em função de exigências adicionais tais como inspecção das instalações ou requisitos semelhantes.

Factores a Considerar

Responsabilidade Social Empresarial (RSE)

As empresas que pretendam investir em Angola são obrigadas a realizar a sua actividade de uma forma responsável e ética e ainda a contribuir de forma positiva junto da comunidade local. Actualmente pode constatar-se uma crescente consciência de responsabilidade corporativa entre as empresas, quer estrangeiras quer nacionais. Estes são tempos importantes para Angola, em que se manifesta uma grande necessidade de reincorporar a inclusão social e melhorar a qualidade de vida dos habitantes locais. Tornou-se evidente, logo no início do processo de reconstrução que os investidores privados teriam um grande papel a desempenhar na sociedade. As empresas são incentivadas a terem também a preocupação com o meio ambiente e com os demais problemas que os habitantes locais enfrentam. Estas empresas têm vindo a mostrar gradualmente predisposição para oferecer apoio e a se envolver em projectos comunitários.

Os investidores privados perceberam que iriam beneficiar mais se as condições de vida dos funcionários locais e das suas famílias fossem melhoradas, especialmente nas áreas mais recônditas do país. Com a melhoria das condições básicas dos funcionários registar-se-iam menos faltas ao trabalho, tornando os funcionários mais eficientes e participativos no desenvolvimento da empresa. Tudo isso acabará por se traduzir em satisfação e beneficiar tanto os empregadores como os empregados.

A maioria das multinacionais do sector de extracção investe significativamente em projectos de responsabilidade social através da doação de fundos para projectos sociais que são um requisito necessário durante o processo de negociação de concessões. Alguns projectos incluem a construção de novas escolas, centros de saúde, saúde e segurança no trabalho, construção de bombas de bombas de água e fornecimento de água potável em áreas rurais, patrocínio de programas de educação do ensino primário ao ensino profissional, cursos de mestrado e doutoramentos. Estas empresas também apoiam iniciativas que promovem o comportamento responsável em relação ao meio ambiente, inclusão social e redução da pobreza. Na verdade, seria, na minha opinião, anti-ético as empresas investirem num país com necessidades sociais enormes sem deixar legado algum para àqueles que contribuíram para gerar a sua riqueza. Acredito que esta minha opinião seja partilhada por muitos, incluindo os próprios investidores estrangeiros.

Durante o período de instabilidade do país, depois da independência, empresas – particularmente as que tinham investimento estrangeiro – não tiveram outra opção senão importar mão-de-obra profissional qualificada. Isto foi deveras necessário devido à falta de trabalhadores qualificados no mercado local. No entanto, tem-se assistido, entre profissionais expatriados ou trabalhadores qualificados estrangeiros, à ausência de transmissão de conhecimentos e de formação para com os funcionários locais, com o objectivo de impossibilitar, gradualmente, a substituição dos expatriados.

A estes expatriados foram concedidos contratos vantajosos, continuamente renovados devido à inexistência de recursos humanos qualificados no mercado local. Para muitos, tem sido conveniente não formar os trabalhadores locais, para que os mesmos possam proteger seus empregos, altos salários e pacotes de regalias. Empresas houve que constataram essas lacunas no mercado e aproveitaram-se desse facto de forma negativa e improducente. Esta é a realidade, não só a nível de investimento privado estrangeiro, mas também de negócios de âmbito nacional, tendo originado desagrado no seio dos nacionais, que não têm visto nenhuma perspectiva de desenvolvimento profissional nem de aumento dos seus rendimentos. Essa atitude tem-se prolongado ao longo dos anos até que foram tomadas medidas para alterar a situação, registando-se um progresso significativo. A noção de Responsabilidade Social Empresarial está a ser adoptada por muitas empresas hoje consideradas como sendo a força motriz para este conceito vingar em Angola, e o seu envolvimento em projectos sociais tem sido no presente, motivo de grande orgulho.

Alegar que a provisão de necessidades básicas à população é um dever do governo, é sem dúvida um argumento válido. No entanto, o que se pretende é melhorar a formação, ter profissionais satisfeitos e saudáveis, e a apelar para a responsabilização dos indivíduos e empresas em cuidar do meio ambiente. Por outro lado, ao criar medidas para estabilizar a economia, o governo também se depara com uma série de questões sociais decorrentes de uma economia em recuperação. Por conseguinte, é essencial a entrada de investimento externo para possibilitar o financiamento e criação de estruturas para a execução de melhorias sociais em prol da população local.

Caso prático
British Petroleum (BP)

A BP apoia vários projectos educacionais, incluindo parcerias com universidades, escolas e organizações não-governamentais (ONGs) locais. A BP atribui bolsas de formação a estudantes angolanos em mestrados no sector de Petróleo e Gás, e dá suporte às faculdades de engenharia e ciência na Universidade Agostinho Neto. A BP colabora ainda com o governo angolano, mantendo o seu compromisso para com o progresso e o desenvolvimento da capacitação dos recursos humanos e empresas locais. Os seus projectos incluem formação profissional e desenvolvimento de recursos humanos locais, instrução e transferência de conhecimentos, reflorestação, projectos de educação ambiental, construção de escolas entre outros.

Corrupção

Corrupção e suborno são questões preocupantes para qualquer empresa ou indivíduo que considere, ou já tenha iniciado actividade comercial em Angola. Isto é claramente um grande problema e, uma questão importante a ser abordada.

Angola suportou vinte e sete anos de guerra, que tornaram o país politicamente instável. A corrupção pode ser directamente relacionada com a guerra e é geralmente uma consequência da mesma; Angola não é excepção.

A corrupção não é apenas reflexo de má gestão de fundos, liderança incompetente, má governação e de falhas individuais de representantes da sociedade civil ou militar. A corrupção relaciona-se essencialmente com acções anti-éticas de empresas e investidores estrangeiros, que procuram lucros imediatos para garantir um retorno dos seus investimentos a curto prazo.

Durante o tempo da guerra civil, a corrupção tornou-se prevalente em Angola – particularmente nos sectores do petróleo e minérios – o que largamente danificou a reputação do país. A falta de *know-how* e a necessidade de importar profissionais qualificados para a criação de uma força de trabalho especializada, também contribuiu para a inflacção e aumentar a corrupção.

O mesmo apartamento alugado por 1.500 dólares americanos por mês em 1998 foi alugado por 15.000 dólares americanos mensalmente, em 2004. Os investidores estrangeiros pagavam preço muito acima do seu valor de mercado na altura para conseguirem a qualquer custo comprar ou alugar os imóveis para as suas representações comerciais e alojamentos. Este facto contribuiu para que imensas famílias alugassem as suas casas da cidade e se instalassem nos subúrbios, atraídas por pagamentos "chorudos". Alguns estrangeiros pagavam qualquer preço para obterem contactos com pessoas influentes, subornavam para obter contratos ou ainda informações que permitissem contornar a burocracia. Atraídos pelo dinheiro, muitos angolanos foram permissivos e contribuíram para o estabelecimento de tais práticas.

A pobreza e o desemprego associados à ganância foram forças adicionais que também contribuíram para a corrupção. O suborno tornou-se "prática comum" nos investidores estrangeiros e habitantes locais. As oportunidades que surgiam eram rapidamente aproveitadas por aqueles que se encontravam em posições de poder, e que usavam o seu poder político para benefício próprio. Uma cultura de pouca transparência e de engano foi emergindo entre os nacionais. Se por um lado proliferava a corrupção, por outro lado outros observavam e aceitavam em silêncio a essa corrupção que acontecia sob o seu olhar como se isso fosse norma, receando vingança ou retaliação se fizessem denúncia. Isto fez com que a corrupção contaminasse quase toda a sociedade.

A já referida pobreza, desemprego e deslocações devido à guerra, não devem de forma alguma ser vistos como desculpabilização da corrupção. De facto, esta prática é altamente condenada por muitos, incluindo alguns que também a praticam. O combate à corrupção em Angola ainda é um grande desafio. A consequência óbvia desta prática é um impacto negativo no que concerne à motivação para investimento estrangeiro bem como o seu grande contributo para o aumento dos custos e riscos para os negócios.

No entanto, o país está a trabalhar no sentido de erradicar essa prática ou pelo menos minimizá-la. Novas leis e regulamentos foram promulgados, e Angola é signatária internacional de acordos relativos à corrupção; o país tem estado a melhorar as suas práticas e a operar com mais transparência, conformidade e gestão de risco para melhorar os seus registos de rastreamento de corrupção.

Por exemplo, o Código Penal angolano determina que é ofensa criminal um funcionário público que tente a prática da corrupção; a *Lei de Crimes Contra a Economia* de 1999 considera ofensa criminal qualquer acto de extorsão, bem como actos de corrupção activa e passiva; a *Lei do Branqueamento de Capitais* de 2010 e a *Lei da Probidade Pública* de 2010 determinam a obrigatoriedade de todos os funcionários do governo declararem a sua riqueza, incluindo receitas, obrigações e acções ou qualquer tipo de propriedade, e objectos de valor, seja em Angola ou no estrangeiro. Esta lei vigora sob os indivíduos titulares de cargos públicos, sejam eleitos ou nomeados, gerentes de propriedade pública, instituições públicas, Polícia Nacional, Forças Armadas, magistrados, instituições públicas, órgãos do executivo e outros funcionários públicos; a *Lei sobre Lei do Sigilo de Estado* de 2002, a *Lei de Segurança Nacional* e da *Lei de Acesso a Documentos Administrativos* têm como objectivo limitar o acesso aos diversos tipos de documentos a que os cidadãos pudessem ter acesso. De acordo com essas leis, qualquer um (incluindo as companhias petrolíferas multinacionais) envolvido em actividade de corrupção será processado.

O perfil de Angola no *Revenue Watch Institute*, afirma que desde a aprovação dessas leis, o governo divulgou, voluntariamente, muitas das suas receitas de petróleo numa tentativa de mostrar os seus esforços para lidar com a transparência. O foco sobre a questão da falta de transparência está agora dirigido para todos os sectores da sociedade. A Gestão Financeira Pública (GFP) tem implementado com sucesso um sistema de informação que cobre todo o país e ajuda a fortalecer a execução do orçamento de estado e a partilha de informação. Um documento intitulado *Princípios de etica empresarial em Angola* foi desenvolvido por um grupo de trabalho multi-partidário e lançado em Maio de 2013 tendo sido assinado por mais de trinta empresas. Três meses depois, o documento foi conduzido, para o Centro de Ética (CEA), em criação. O propósito do CEA é o de criar uma sociedade de negócios ética e responsável, educando as empresas com princípios de boas práticas, promovendo assim a transparência, prestação de contas e responsabilidade social.

O governo também estabeleceu um programa que monitoriza a maioria dos gastos do governo. O Tribunal de Auditoria de Contas, o Inspector-Geral das Finanças e o Procurador-Geral da República também têm em mãos a difícil tarefa de lidar com problemas de corrupção de acordo com um relatório do *Countries at Crossroads* de 2011. O Procurador-Geral da República, um organismo independente do Ministério da Justiça, é responsável pela luta contra a corrupção, o branqueamento de capitais e o crime organizado. O gabinete da procuradoria iniciou recentemente o processo de auditoria de contas de alguns ministérios e governos provinciais (embora ainda tenha um longo caminho a percorrer, uma vez que o governo ainda não está totalmente empenhado e dá pouca atenção aos relatórios de auditoria).

Outra instituição responsável pela análise das finanças públicas é o gabinete do Inspector-Geral das Finanças (INF). Ministérios individuais têm também seus próprios escritórios de auditoria. O Sistema Integrado de Gestão (SIGFE) é um sistema integrado de gestão financeira do estado, e faz o rastreio de todas as receitas e as despesas do governo a nível nacional e local. Segundo consta, o SIGFE constitui um passo importante para a responsabilização do governo no combate à corrupção. O governo criou o Portal da Governo de Angola – governação electrónica – que é uma plataforma digital onde os cidadãos podem obter formulários e orientações. No entanto, o sistema de aquisições ainda não está regulado ao ponto de exigir competitividade na licitação.

Foi também criado, um Provedor de Justiça para agir como um intermediário entre o público e o governo. Este gabinete apoia indivíduos e empresas no acesso à justiça e dá aconselhamento a agências governamentais sobre os direitos dos cidadãos.

Angola é um estado-membro do Comité Anti-corrupção da África Austral (SACC) que assinou alguns acordos internacionais anticorrupção. O país assinou a Convenção das Nações Unidas contra a Corrupção (UNCAC) em 2003, ratificada em 2006. Angola é ainda um dos signatários da Convenção da União Africana para a Prevenção e Combate à Corrupção em 2007. Em Novembro de 2013, Angola participou na Conferência dos Estados Partes da Convenção das Nações Unidas contra a Corrupção, que teve lugar no Panamá.

Como se vê é bastante óbvio que o governo tem estado a tomar medidas para erradicar a corrupção e criar uma sociedade mais transparente. Estas medidas estão longe de serem perfeitas ou tão eficazes como seria desejado. Há ainda muito trabalho a ser feito, mas tem havido um grande esforço para lidar com a questão. É justo dizer-se que o nível de corrupção hoje existente é substancialmente menos comparativamente ao que sucedia nos últimos anos. Tem-se verificado um esforço gradual em relativamente à transparência e prestação de contas. O Índice de Liberdade Económica de 2015 indica que ao longo dos últimos cinco anos, Angola avançou 1,7%, refletindo melhorias no combate à corrupção. Isso evidencia que é agora possível conduzir os negócios em Angola de uma forma mais ordenada.

Resumo: Não se deve de forma alguma aderir a más práticas, em vez disso deve-se procurar operar de forma ética e em cumprimento da lei. É importante familiarizar-se com os regulamentos anti suborno, a fim de prevenir a corrupção, evitar multas, custos em processos criminais e litigiosos e danos à reputação.

Caso prático
Cobalt Internacional Energy Inc.

A 4 de Agosto de 2014, foi emitido à companhia petrolífera Norte Americana Cobalt Internacional Energy Inc., uma notificação de plataforma pela Comissão de Títulos e Câmbio dos EUA (SEC) em relação às suas operações em Angola. Esta notificação adverte formalmente a Cobalt que a empresa pode enfrentar uma acção de execução relativamente a infrações de "determinadas leis sobre títulos federais", incluindo a Lei de Práticas de Corrupção no Exterior (FCPA).

A exploração da Cobalt em águas marítimas angolanas começou em 2008, em parceria com a empresa petrolífera estatal Sonangol, e outras duas empresas locais nomeadamente Alper Oil e a Nazaki. Oil & Gas. A SEC iniciou a investigação sobre as operações da Cobalt em Angola em 2011, após alegações de que a empresa Nazaki era propriedade secreta de funcionários do governo. A Cobalt não é a única empresa de exploração de petróleo que parece ter conspirado com corrupção de Angola por razões comerciais.

A Cobalt não é a única empresa de exploração de petróleo que parece ter conspirado com corrupção de Angola por razões comerciais. Em 2011, a Halliburton, empresa de referência no Texas no sector do petróleo e gás, anunciou uma investigação interna sobre eventuais violações da FCPA na sequência de alegações similares denunciadas: para a Halliburton isto foi particularmente embaraçoso, ocorrendo não muito tempo depois de ter recebido uma multa elevadíssima por suborno e conspiração em relação às suas operações nigerianas.

Burocracia

Deve planear com antecedência e programar bem o tempo se quiser realizar algo em Angola. Angola é um país muito burocrático – uma característica herdada dos colonizadores – onde quase tudo demora tempo a ser alcançado. Poderá deparar-se com alguns obstáculos burocráticos antes e depois de criar a sua empresa. Desde longa morosidade na obtenção de licenças e suas aprovações a um fraco atendimento ao cliente.

Os sistemas online nas instituições só recentemente foram introduzidos em Angola portanto, obtenção de requerimentos ou outros documentos pode ser um processo moroso e, por vezes, muito frustrante. Angola foi colocada na posição 181 entre 189 países pesquisados num ranking sobre facilidade de implementação de negócios feitos pelo Banco Mundial em 2015. A criação de uma empresa em Angola envolve oito procedimentos e pode demorar cerca de sessenta e seis dias, três vezes mais do que em qualquer país da OCDE.

No entanto, têm sido feitos consideráveis progressos para reduzir a burocracia. Os mecanismos previstos pela nova Lei de Investimento Privado, a implementação do sistema electrónico nas instituições, organismos e empresas públicas, bem como os programas de formação extensiva em todo o país, todas essas medidas contribuirão para a redução da burocracia no país.

Deverá também ter em conta o elevado custo de vida em Angola, particularmente a alimentação e o alojamento.

Resumo: Deve preparar um programa adaptado aos tempos de espera e adopte esse plano a possível morosidade. Esta é talvez a melhor decisão que você, enquanto investidor privado pode tomar quando considera fazer negócios em Angola. Não deixe que a burocracia ou o custo de vida o afastem do seu objectivo.

Caso prático
Fly540

A Fly 540 foi uma empresa de aviação de parceria entre a Lonrho e accionistas locais a quem foi imposto o seu estabelecimento e regularização antes que pudesse ser considerada para uma licença. Enquanto aguardava a licença, que levou mais de um ano para ser concedida, a empresa teve de financiar os custos de pessoal, incluindo pilotos e suas instalações antes de iniciar as suas operações, sendo que não possuía a devida licença. Embora a Fly 540 já não opere em Angola a sua paciência e determinação foram retribuídas com grandes retornos financeiros durante vários anos de sucesso de operações no país.

Ambiente

A maioria das empresas locais e estrangeiras bem como as pessoas singulares estão conscientes do impacto ambiental das suas actividades na sociedade e estão a minimizar, ou pelo menos a tentar minimizar os danos ambientais. Esta questão é normalmente abordada através da implementação de medidas para prevenir ou reduzir um impacto ambiental negativo que poderá ser causados pela sua actividade comercial ou industrial. O sector extractivo em particular, tem estado sob escrutínio severo, alvido à ameaça provocada pelas suas actividades no ecossistema e a biodiversidade. Por exemplo, o derramamento constante de óleo no mar, manutenção marítima, poluição aérea causada pela queima de gás, poluição na terra, exploração abusiva das florestas, a exaustão das terras aráveis, o uso de produtos químicos tóxicos para a extração dos minerais tais como o ouro e a extração de diamantes que contaminam a água, plantas, solo e a vida animal.

Em 2010, foi lançado um projecto de cinco anos de assistência ao sector do Ambiente – PASA, financiado pelo Banco Africano de Desenvolvimento (BDA) e o Governo de Angola, para combater as alterações climáticas, promover as boas práticas de gestão sustentável dos solos para promover a conservação da biodiversidade.

As más práticas ambientais não beneficiam o indivíduo nem a sociedade em geral. Como tal, é esperado dos investidores a aplicação das melhores práticas que evitem o risco de danos contra o meio ambiente. Através da Responsabilidade Social Empresarial e outras medidas, poderá implementar estratégias mecanismos para prevenir danos ambientais.

Caso prático
Cabinda

Um derramamento no terminal Malongo feito pela Chevron em 1999, provocou uma significativa redução da população de peixes e a Chevron teve que pagar uma indemnização pelos danos causados à área; posteriormente ocorreram outros derramamentos, na década de 2000, entre 2001 e 2006 e outro em 2007.

Conteúdo local

Por um longo período de tempo, o comércio e o fornecimento de bens e serviços foi principalmente efectuado por estrangeiros. Este facto originou que a economia ficasse na mão dos estrangeiros e os empregados com melhor remuneração também. Por isso os cidadãos nacionais sentiam-se descontentes, pois mesmo com qualificações semelhantes os benefícios eram diferentes e as remunerações estavam aquém. Para além disso, as empresas estrangeiras trazem trabalhadores estrangeiros renovando sempre os contratos privando, os nacionais dos postos de trabalho que de outra forma obteriam. Para valorizar e incentivar os nacionais e seus serviços, bem como para impulsionar a economia, foram promulgados dois decretos presidenciais em 1995 e 2001, respectivamente, o que ocasionou o processo conhecido como "angolanização". Estes obrigam os investidores privados e as empresas estabelecidas em Angola a usar fornecedores de bens e serviços angolanos. Para além disso limitam a contratação de pessoal expatriado a 30%, obrigando assim as empresas a empregar pelo menos 70% de trabalhadores locais. Adicionalmente está previsto nestes instrumentos que funcionários locais e expatriados com as mesmas qualificações e responsabilidades tenham os mesmos benefícios e remuneração equivalente. Estas medidas aumentaram o número de cidadãos nacionais em cargos de gestão e fizeram-se contratados com empreiteiros locais.

Talvez tenha sido este o ponto de viragem que trouxe (e continua a trazer) de volta um grande número de angolanos que tinham emigrado depois da independência e durante a guerra civil. Estes decretos fizeram com que se passasse a valorizar os nacionais e incentivou as empresas a envolver-se em programas de formação, transferência de conhecimento e capacitação dos trabalhadores nacionais. O limite mínimo de 70%, contudo, está longe de ser alcançado, mas pelo menos é um ponto de partida para o reconhecimento dos trabalhadores nacionais. Por isso se vai contratar pessoal tenha em mente a regra dos 70%.

Repatriamento de capital

Como parte da sua lista de verificação, deve querer saber poderá transferir os seus lucros, dividendos, royalties, pagamentos relativos a divida, indemnizações (resultantes de expropriação) e qualquer outro dinheiro que tenha ganhado no país. É também importante se pode transferir fundos para os pagamentos de bens e serviços comprados fora de Angola. Existem regras rígidas em relação ao repatriamento de fundos estabelecidos na *Lei do Investimento Privado (APIL)* e outras leis cambiais. Só pode transferir verbas para o exterior, se essas regras forem cumpridas e após o pagamento de todos os impostos devidos em Angola.

A *APIL* prevê o repatriamento de dividendos e lucros independentemente do valor investido desde que o projecto tenha sido implementado.

As taxas de dividendos a serem transferidas têm de ser contempladas nos pactos sociais de investimento e podem ser negociadas numa base caso-a-caso.

No que diz respeito a trabalhadores não-residentes, os seus rendimentos podem ser transferidos para o exterior se os seus empregadores ou entidades, com a qual estes têm um contrato de prestação de serviços, pagar os seus vencimentos com a moeda nacional numa conta bancária em Angola.

Todos os pagamentos para a aquisição de bens e serviços no exterior também são obrigatoriamente feitos com a moeda nacional e numa conta bancária em Angola.

Com a crise financeira que atingiu o país em consequência da queda no preço do petróleo no final de 2014, o Banco Nacional de Angola apresentou novas medidas para a transferência de fundos para o exterior. Estas criaram algum grau de incerteza, o que fez alguns estrangeiros abandonar as suas actividades e deixar o país.

Desde 30 de Junho de 2015, a transferência de verbas para o exterior, para pagamento de prestação de serviços, acarreta uma taxa de 10%. A taxa, que não afecta os salários, tem de ser paga antes da transferência.

Segurança

Há pessoas que ainda hoje questionam se de facto a guerra em Angola ja acabou e se o pais é seguro. A guerra em Angola terminou em 2002, no entanto, se pensa instalar-se no país, é necessário tomar precauções razoáveis, como faria em qualquer outro país do mundo. Crimes acontecem em qualquer lado e Angola não é uma excepção. Em Junho de 2014 participei numa conferência em Colónia, Alemanha, organizada pela EMRC com cerca de 450 delegados e pelo menos três deles foram assaltados e as suas carteiras roubadas em momentos diferentes, mesmo em frente do local onde a conferência estava a realizar-se. Na Inglaterra, como em muitas partes do mundo, especialmente nas capitais, o cidadão é diariamente inundado por notícias sobre esfaqueamentos, assassinatos e roubos. Mas nada disto impediu as pessoas de investir nestas jurisdições, já quando se fala de Angola, pensa-se que não se pode andar nas ruas porque se irá ser assaltado. Isto não é de todo verdade.

Em Outubro de 2013, um participante de uma missão empresarial organizada pelo UKTI, ficou agradavelmente surpreendido ao perceber que o país é muito mais seguro e estável do que as pessoas pensam. Segundo ele, todos os dias recebia mensagens do seu escritório em Londres para certificar se estava em segurança. Uma noite, conheceu a Luanda noturna e mais uma vez ficou surpreso ao ver uma cidade segura, tão bonita e bem desenvolvida.

Outro delegado, que se encontrava de visita a Angola pela terceira vez, disse precisamente a mesma coisa. Isto é, de todas as vezes que visitou o país, foi assolado com mensagens de texto e e-mails a fim de se certificarem se estava bem, como se Angola ainda fosse uma zona de guerra. No entanto em vez de desmistificar esses preconceitos, ele não desacreditou essas preocupações, muito pelo contrário; era conveniente manter a percepção de um país inseguro, porque, esta pseudo-insegurança, garantia-lhe uma vantajosa remuneração por ter sido supostamente enviado para um território pouco seguro.

É lamentável que haja ainda pessoas que ponham os seus interesses pessoais acima da verdadeira realidade, não se incomodando com o facto de destruir a reputação de um país.

Fiquei muito desiludida quando ele me confidenciou isto e, se for o caso compreendo agora por que, depois de treze anos de paz, ainda há muitas pessoas a pensar que o país é inseguro.

Conheça a Cultura Empresarial

É absolutamente imprescindível compreender a cultura empresarial antes de investir no país. Ao visitar o país, familiarize-se com o sistema enquanto faz contactos e desenvolva relacionamentos cara a cara, mesmo que eles não estiverem directamente envolvidos no seu negócio. Os angolanos são mais pró-negócio quando se sentem confiantes acerca das pessoas com quem estão a lidar. São muito relacionais e adoram uma boa conversa podendo mesmo convidá-lo para uma bebida ou um jantar em sua casa, ou até mesmo para passar o fim-de-semana com a sua família e amigos.

Muitos investidores vão para Angola com uma atitude orientada para o tempo nas reuniões. Se o encontro estiver marcado para as 11:00, chegam a essa hora ou alguns minutos antes de começar e esperam que a reunião dure cerca de uma hora e que depois poderão ir para outro compromisso. Se quer fazer negócios em Angola, esqueça essa atitude. O africano tem uma noção do tempo diferente dos outros povos e pressa não consta no seu vocabulário. Por isso enquanto estiver em Angola esqueça essas calendarizações.

Os europeus inventaram o tempo, os africanos têm o tempo!

Ditado popular

Não tenha pressa, seja pontual, mas esteja preparado para esperar na sala de estar, ou para algumas bebidas e *snacks* antes do início da reunião; pode mesmo acontecer ter de ficar uma boa meia hora ou mais a falar de questões completamente independentes do assunto que vai tratar. Também poderá suceder ter de ficar um pouco mais de tempo depois da reunião ter terminado, pois haverá um momento de socialização.

Também pode suceder encontrar mais pessoas do que aquelas com que se ia reunir na sala de reuniões. Em 2014, acompanhei um cliente a uma reunião de negócios e quando lá chegámos a sala de reuniões estava cheia de pessoas, do CEO aos associados, conselheiros e assim por diante. Apesar de toda a equipa lhe ter sido apresentada, o meu cliente ficou tão desconfortável que foi incapaz de apresentar o seu produto da maneira que me tinha descrito anteriormente. Tive que lhe explicar que culturalmente, quando se trata de tomar decisões, os angolanos tendem a procurar o consenso de toda a equipa, por isso iriam chamar para a reunião todos aqueles que acreditam que teriam uma palavra a dizer. Isto está bem descrito na citação abaixo:

> "O ocidental que precisa de produzir resultados rápidos e tangíveis, por exemplo, pode entrar em conflito com o ritmo mais lento africano e as perspectivas a mais longo prazo. O facto é que muitos norte-americanos estão centrados na apresentação de produtos, desde o momento que chegam. O seu interesse reside em fechar o negócio tão rapidamente quanto possível. Nas culturas orientadas para o tempo da América do Norte e em muitas partes da Europa, as pessoas orgulham-se na realização de negócios à velocidade da luz e favorecem uma abordagem rápida e individual para a tomada de decisões. Por outro lado, muitas empresas africanas acreditam fortemente em fazer uso da sabedoria colectiva de toda a equipa, mesmo que haja um grande grau de hierarquia. A abordagem africana à tomada de decisões, não significa que os empresários locais sejam incapazes de tomar decisões rápidas, ou de fazer as coisas individualmente. Pelo contrário, esta representa o significado cultural do consenso e da consulta, que tende a orientar o processo de tomada de decisão nas culturas africanas orientadas para o grupo".

Erika Larissa-Arai, consultor de negócios (EUA)

Também pode deparar-se com situações em que, durante a reunião, alguns participantes falam ao telefone (embora numa voz muito baixa) enquanto a reunião continua normalmente. Eles não têm a intenção de ser mal-educados, inconvenientes ou de desconsiderar o orador; esta atitude em África é muito comum, embora este tipo de comportamento esteja a mudar gradualmente para melhor.

Outra questão que o pode desconcentrar é que pode não obter respostas aos seus e-mails ou telefonemas. Deixou o país após uma primeira visita bem-sucedida e envia um e-mail de acompanhamento, contudo espera semanas por uma resposta. Telefona e, novamente, o seu contacto no país não atende o seu telefonema nem lhe retorna a chamada. Isto pode ser muito frustrante, pois irá deixá-lo confuso. Não entre em pânico! Tem de ser paciente e persistente. Até eventualmente ter notícias, não desista. De alguma forma entrarão em contacto consigo antes que esteja à espera; ou se não o fizerem, seja paciente e tente novamente. Se nunca tiver notícias deste contacto ou se for incapaz de o contactar, o seu bom senso irá dizer-lhe que ele não está interessado e pode desistir. Embora esta atitude seja frequente, há, no entanto, pessoas angolanas que não correspondem a este padrão.

Seja detalhado no seu folheto, PowerPoint, ou qualquer que seja o meio que esteja a usar para apresentar o seu tema. Deve incluir o máximo de informação para explicar os seus pontos, caso contrário corre o risco de não ser entendido. Ainda não há muito tempo uma empresa ligou-me a perguntar se eu poderia pedir ao cliente para incluir mais conteúdo na sua apresentação.

Conte sempre com pelo menos duas horas do que seria previsível, caso tenha de assistir a uma reunião ou qualquer outro compromisso sobretudo se isto for em Luanda. Luanda tem um tráfego intenso e não existem suficientes lugares de estacionamento.

Resumo: Leve a cultura de negócios a sério. Não subestime ou julgue a capacidade dos angolanos para fazer negócio, porque estão atrasados ou porque a reunião começou depois de uma conversa informal ter tido lugar. Seja paciente e participe de forma amigável, não só deverá fazer um bom negócio, como também ganhará bons amigos. Aceite os valores culturais e, se possível, abrace-os. Não imponha os seus pois isso não o vai ajudar a fazer bons negócios.

3ª. Parte

Qual o Próximo Passo?

Se leu este livro, ou partes dele, é porque tem interesse em Angola provavelmente como país onde poderá investir. Se assim for este livro dá-lhe uma imagem clara das possibilidades do mercado de negócios angolano. Neste livro foi-lhe apresentado um guia SMART que lhe permitirá, através da realização dos exercícios, decidir se deve ou não investir neste país. Através dos múltiplos casos práticos e de episódios reais, tem a oportunidade de mergulhar intrinsecamente no país e de sentir a vida empresarial que o espera caso decida tentar neste mercado.

Este livro identifica algumas dificuldades que os investidores estrangeiros podem enfrentar, e apresenta soluções práticas que o ajudarão a evitar transtornos; mostra como as empresas já estabelecidas superaram os desafios e após várias vicissitudes obtiveram lucros sobre o seu investimento; fornece soluções práticas para problemas reais; remove os mitos e receios que impedem que os investidores façam negócios no país. Mostra-lhe que se souberem adaptar às circunstâncias e conjuntura do país poderá auferir de vantajosos benefícios.

Já desde há treze anos, desde que a paz foi alcançada, Angola fez um excelente trabalho. Transformou um país completamente destruído numa economia próspera com um grande futuro pela frente. Ao reconstruir as suas infra-estruturas, o país está a lidar com a economia, promovendo a criação de postos de trabalho e simultaneamente está a lutar contra a pobreza, tentando alcançar ou mesmo superar as metas do milénio. No entanto, isto só tem sido possível graças à contribuição valiosa do investimento privado. Seja ousado embora previdente, se estiver atento a estas premissas o sucesso que tanto almeja pode estar em Angola, bem ao seu alcance. Nunca se esqueça que são sempre mais os que se arrependem daquilo que não fizeram do que daquilo que fizeram.

Principais Organizações Empresariais

Câmaras de Comércio e Indústria

As câmaras de comércio são entidades independentes. Quando estabelecidas fora de Angola, são geralmente constituídas como câmaras bilaterais com o objectivo de promover negócios entre Angola e a outra parte envolvida organizando actividades que facilitarão o comércio entre ambos. Normalmente trabalham em parceria com outras instituições quer no país em causa quer em Angola. As câmaras organizam missões comerciais para e com Angola, eventos em *networking*, conferências e fóruns. O objectivo visa facilitar a introdução de potenciais parceiros de negócios para se associarem aos investidores estrangeiros e fornecer informações sobre as questões dos seus países. Se o seu país tem uma câmara de comércio já estabelecida, esta deve ser o seu primeiro ponto de contacto, assim que pensar em fazer negócios em Angola.

APIEX

Esta agência recém-criada visa promover o investimento e as exportações de Angola e irá organizar eventos com vista à captação de investimento privado.

AIA

A Associação Industrial Angolana é uma associação pluri-sectorial com fins não-lucrativos e de interesse público. Suporta vários sectores da economia como a indústria, agroindústria, pesca, construção, transportes, tecnologia, manutenção, serviços e é um parceiro social do governo. Também é a proprietária e construtora da FILDA (Feira Internacional de Luanda). Entre as suas actividades, a AIA desempenha um papel activo na educação empresarial e industrial, reformas fiscais e aduaneiras e apoia a descentralização dos mecanismos de investimento. A AIA também participa activamente em missões empresariais e fóruns tanto no país como no exterior, facilitando os relacionamentos entre o fornecedor e o cliente, procurando parceiros de investimento e fornecendo apoio à exportação. A AIA goza de um forte relacionamento comercial com embaixadas, câmaras de comércio.

A AIA publica um anuário com estatísticas e informação sobre investimentos e actividades económicas e industriais. A AIA é útil para qualquer investidor como o primeiro ponto de contacto para assistência e esclarecimento sobre várias questões de interesse para o investidor estrangeiro.

Guiché Único (GUE) http://gue.minjus-ao.com

O Guiché Único responsabiliza-se pela constituição de empresas e lida com todas as autoridades relevantes, para essa nomeadamente a Imprensa Nacional, o Instituto Nacional de Estatística, Segurança Social, autoridades fiscais e o Ministério da Administração Pública e Emprego, os quais serão todos notificados num sistema sincronizado pelo facto a sua empresa tiver sido constituída.

Ministério do Comércio www.minco.gov.ao

O Ministério do Comércio é responsável pela concessão do certificado de Alvará Comercial e por todas as licenças necessárias para uma empresa realizar qualquer actividade commercial, bem como para importar mercadorias de países estrangeiros.

Serviço de Migração e Estrangeiros (SME) www.sme.ao

Departamento responsável pela emissão de passaportes e vistos e por todos os controlos de fronteiras e imigração.

Ministério da Administração Pública, Emprego e Segurança Social www.mapess.gov.ao

Responsável pelo emprego e segurança social

Epílogo

Para finalizar, vou deixá-lo com uma história muito antiga do povo Nhaneca que retirei da revista do Fundo Soberano *Todos*:

A LEBRE E O CÁGADO

Certo dia, a lebre desafiou o cágado para uma corrida e, consciente do seu próprio corpo e velocidade, assumiu que o cágado nunca poderia ganhar. Combinaram uma hora e de entre outros animais, escolheram como juízes: o coelho, o macaco e a girafa.

Depois de ter sido dada a ordem de partida, os dois arrancaram e, sendo muito mais rápido, a lebre arrancou como uma seta.

A certa altura, quando já tinha corrido cerca de um quilómetro, ela perguntou:

"Cágado, estás aí?" E do rio veio a resposta: "Sim, estou."

A lebre intensificou o ritmo ainda mais e daí a pouco perguntou de novo: "Estás aí?"

"Sim, estou."

A lebre correu mais de dez quilómetros e, a resposta era a mesma, cansada e triste por não ganhar, caiu no chão morta de cansaço.

Pouco depois descobriu-se que o primeiro cágado nunca sequer tinha arrancado da linha de partida e a lebre, pouco perspicaz e demasiado orgulhosa, foi obtendo as respostas dadas por outros sapos que se refrescavam no rio e assim foi enganada pela astúcia do pequeno cágado, que embora pequenino e lento soube ganhar a corrida que parecia impossível.

A lição que podemos tirar desta história é que independente da nossa forma física e velocidade, nunca devemos subestimar as aptidões dos nossos adversários menores.

Nota: Na revista *Todos* as personagens principais são o bambi e o pequeno sapo, mas como a história original é entre a lebre e o cágado, alterei os nomes de acordo com a história original.

Glossário

ACP – Países de África, Caraíbas e Pacífico

ANGOP – Agência Angola Press

ANIP – Agência Nacional de Investimento Privado – Agência governamental responsável pela implementação de políticas relativas ao investimento privado.

Arm's length – Quando as partes contratuais são independentes e estão em posição de igualdade, e não têm entre si uma relação de proximidade.

ATM – *Automated Teller Machine* – Caixa multibanco.

AU – União Africana – União continental de 54 países africanos.

BAI – Banco Angolano de Investimento.

BNA – Banco Nacional de Angola.

BP – British Petroleum.

Banco BPI – Banco Português de Investimento.

Brututo – Um tipo de tubérculo usado para fins medicinais.

Cabinda – Província angolana localizada a norte da República Democrática do Congo e separada do território de Angola.

Candongueiros – Tipo de táxi que surgiu durante a guerra civil para minimizar a falta de autocarros e táxis. Realiza o transporte de passageiros entre as cidades e subúrbios.

CEO – *Chief Executive Officer* – Director-Executivo

CFB – Caminhos de Ferro de Benguela – Faz a ligação entre o Porto atlântico de Lobito em Angola à cidade fronteiriça a leste de Angola, Luau.

CFL – Caminho de Ferro de Luanda – Faz a ligação entre a capital Luanda e Malanje.

CFM – Caminho de Ferro de Moçamedes – Faz a ligação entre a cidade de Namibe e a cidade de Menongue.

COMESA – Mercado Comum da África Oriental e Austral.

DHL – Empresa internacional e britânica de serviços postais e logística.

DIY – *Do It Yourself* – Forma de fazer algo por si próprio sem a assistência de profissionais.

EAC – Comunidade da África Oriental – Organização intergovernamental composta pelo Burundi, Quénia, Ruanda, Tanzânia e Uganda.

EMRC – Organização internacional sem fins lucrativos que promove desenvolvimento sustentável em Africa mediante parcerias comerciais.

EPA – *Economic Partnership Agreement* – Acordo de Parceria Económica – Protocolo que prevê a criação de um novo regime de comércio compatível com as regras da OMC ao mesmo tempo que promove a integração regional dos países da ACP (da qual Angola é membro) na economia mundial.

EUA – Estados Unidos da América.

FAO – Organização das Nações Unidas para Alimentação e Agricultura – Lidera esforços internacionais para abolir a fome.

FLEC – Frente para a Libertação do Enclave de Cabinda – Um movimento criado para lutar pela independência da província de Cabinda.

Folhas de rícino – Folhas usadas param fins medicinais.

FMI – Fundo Monetário Internacional.

FNLA – Frente Nacional de Libertação de Angola – Movimento de oposição fundado em 1961.

FTA – *Free Trade Area* – Área de comércio livre – Grupo de países entre os quais são geralmente eliminadas as barreiras de tarifas, e quotas, mas sem ter uma política de comércio comum para países terceiros.

GB – Grã-Bretanha.

Golfo da Guiné – Composto pela área marítima localizada na zona oeste do continente africano. Inclui oito países-fronteira com o Oceano Atlântico – Gana, Togo, Benim, Nigéria, Camarões, Guiné Equatorial, Gabão, São Tomé e Principe, Angola e Congo.

INACOM – Instituto Angolano da Comunicações – entidade reguladora e supervisora da indústria de telecomunicações.

Kinguilas – Pessoas que transaccionam as divisas no mercado paralelo – também surgiram como resultado da instabilidade económica.

KLM – Royal Dutch Airlines – Transportadora aérea.

Kupapata – Um táxi motorizado que também surgiu para colmatar a falta de transportes públicos. É mais barato e rápido por poder fugir do trânsito.

KZ – Kwanza – Unidade monetária de Angola.

LNG – Gás Natural Liquefeito – Gás natural (cuja composição principal é metano, CH_4) que foi convertido para uma forma líquida para facilitar o seu armazenamento e transporte.

MBOED – *Million Barrels Oil Equivalent per Day* – Equivalente em milhões de barris de petróleo por dia.

MDG – Objectivos de Desenvolvimento do Milénio – Oito objectivos estabelecidos para fazer face à pobreza extrema em todas suas vertentes, eliminar a fome e erradicar doenças.

MIGA – Agência Multilateral de Garantia ao Investimento – Instituição financeira internacional que promove investimento externo directo em países em desenvolvimento com garantias de investimento contra riscos políticos.

MPLA – Movimento Popular de Libertação de Angola – Partido político fundado em 1956.

NGO – Organizações não-governamentais/sem fins lucrativos, normalmente estabelecidas para fins humanitárias.

OCDE – Organização de Cooperação e Desenvolvimento Económico.

OMC – Organização Mundial do Comércio.

ONU – Organização das Nações Unidas.

OPEP – Organização dos Países Exportadores de Petróleo.

PALOP – Países Africanos de Língua Oficial Portuguesa.

PIB – Produto Interno Bruto – Representa o valor monetário de bens e serviços finais produzidos num determinado país durante um determinado período.

PME – Pequenas e Médias Empresas.

PND – Plano Nacional de Desenvolvimento para 2013-2017 — Estratégia de desenvolvimento governamental para ser alcançado até 2017.

PPP – Parceria Público-Privada.

RDC – República Democrática do Congo.

Revolução dos Cravos – Revolução pacífica portuguesa que resultou em democracia em 1974.

TAAG – Linhas Aéreas de Angola.

TAP – Transportes Aéreos Portugueses.

Grupo dos Grandes Lagos – Organização intergovernamental composta por 12 membros da Região do Grandes Lagos Africanos. Estabelecido para promover paz e desenvolvimento sustentável e enfrentar a instabilidade política na região mediante esforços concertados dos seus membros.

TCUL – Transporte Colectivo Urbano de Luanda.

UE – União Europeia – União económica e política de 28 estados-membros, baseada nos princípios da livre circulação de pessoas e bens.

UNITA – União Nacional para a Independência Total de Angola – Movimento da oposição fundada em 1966.

UNICEF – Fundo das Nações Unidas para a Infância.

UNCTAD – *Conferência das Nações Unidas sobre Comércio e Desenvolvimento* – Tem por objectivo maximizar o comércio, investimento e desenvolvimento de países ao mesmo tempo que os ajuda a enfrentar os desafios associados com a globalização.

USD – Dólar norte-americano – Moeda de curso legal nos Estados Unidos da América.

OMS – Organização Mundial da Saúde – Entidade das Nações Unidas responsável pela monitorização da propagação de epidemias, e que avalia os sistemas de saúde a nível mundial.

WWII – Segunda Guerra Mundial – Segunda Grande Guerra Mundial.

ZEE – Zona Económica Especial – Área industrial criada para apoiar o desenvolvimento da economia angolana.

Referências

1 – Angola Monitor – http://www.angolamonitor.co.ao/en/news/economics/1371-angola-among-the-most-promisingcountries-in-sub-saharan-africa.html

2 – INE – Angola National Institute of Statistics

3 – INE – Angola National Institute of Statistics

4 – http://www.worldbank.org/en/country/angola/overview

5 – http://www.tradingeconomics.com/angola/balance-oftrade

6 – http://www.tradingeconomics.com/angola/balance-oftrade

7 – Economic Annual Report of Angola 2013 by Alves da Rocha

8 – Economic Annual Report of Angola 2014 by Alves da Rocha

9 – http://www.portalangop.co.ao/angola/pt_pt/noticias/economia/2014/10/46/Sector-financeiro-naopetrolifero-vai-ganhar-papel-importante

10 – http://www.worldquality.org/awardd/

11 – http://www.portalangop.co.ao/angola/en_us/noticias/economia/2015/6/31/Angola-Bodiva-occupies-11th-placeAfrican-stock-markets, b7bc14f0-051a-4396-b6f9-73ae4deb5972. Html

12 – http://www.sadc.int/news-events/news/comesa-eac-sadctripartite-free-trade-area-launched/

13 – http://www.tradingeconomics.com/angola/balance-oftrade

14 – http://www.doingbusiness.org/Reports/~/media/GIAWB/Doing%20Business/Documents/Profiles/Country/AGO.pdf)

15 – Article in the Universo Magazine – September 2014

16 – Bloomberg Business – http://www.bloomberg.com/News/articles/2015-04-29/angola-seeks-investors-for-23-billionof-water-power-projects

17 – ANGOP 3 NOV 2014 – Ciência e Tecnologia

18 – Analysts at the Sinese economic geology consultancy and the Sub-Saharan investment bank Eaglestone – http://www.venturesafrica.com

19 – www.mining.com-angolas.diamond

20 – Africa Oil & Gas Report – http://africaoilgasreport.com/2009/01/in-the-news/angola-takes-over-opec/

21 – BP's Report 2013

Bibliografia

Estrutura Económica e Classes Sociais – Henrique Guerra (Lisboa, Edições 70, 1979)

Pensar Angola Agora de António Chipepe

Ministério do Planeamento e do Desenvolvimento Territorial – Plano Nacional de Desenvolvimento 2013-2015

Ministério do Planeamento, Angola 2025 – Angola um país com futuro – Estratégia de Desenvolvimento a longo prazo.

Relatório Económico de Angola – 2013 UCAN Relatório Económico de Angola – 2014 UCAN Relatório Social de Angola – 2014 UCAN

African Business – Business Magazine – Angola: Constructing A Bold New Country – Special issue No.1 – Março de 2015

Universo Magazine – Sonangol – Setembro de 2014

The Oil & Gas Year – The Who's Who of the global Energy Industry – Angola 2014

Africa Today, No. 118 – Dezembro de 2014 Jornal Expansão – 30/5/14

BPI – Economic and Financial Research
http://www.bancobpi.pt/content/conn/UCM/uuid/dDocName:
PR_WCS01_UCM01008737

Energy Africa http://www.energyafrica.de/fileadmin/
user_upload/EnergyAfrica__12/Presentation_Ministry%20of%20E
nergy%20and%2
0Water_The%20renewable%20energies%20in%20Angola.pdf

The Economist Intelligence Unit
http://country.eiu.com/Angola/ArticleList/Updates/Economy

World Quality Awards – www.worldquality.org

Business Anti-Corruption Portal – Angola Country Profile – www.anti-corruption.com

Fundo Soberano de Angola – http://www.fundosoberano.ao

FACRA – http://www.FACRA-angola.com

Corridors Connect – http://portandcorridor.org

European Union – External Action – http://.europa.eu/angola

COMESA – http://www.comesa.int

Angola, International Defence & Security Programme – http://government.defenceindex.org/results/countries/angola

Business Destinations – www.businessdestinations.com

SME – http://www.sme.ao

FAO – ft://ftp.fao.org/Fi/Document/fcp/en/FI_CP_AO

Global Poultry Trends – www.thepoultrysite.com

World bank – Doing business 2015 – www.doingbusiness.org

UNICEF – Article – Sanitation and Water for ALL – www.unwater.org

Telecom Review – http://telecomreviewna.com BuddeComm – http://www.budde.com.au

Ivory – Illegal trading – http://www.spaceforgiants.org/?q=elenews/angola-govt-committed-to-taking-stand-against-illegal-iv ory-trade

International Research Journal of Social Science – http://www.isca.in/IJSS/Archive/v4/i7/14.ISCA-IRJSS-2015-114.pdf

New Agriculturist – www-ag.info/en/country/profile.php

Bloomberg Business http://www.bloomberg.com/news/articles/2015-04-29/angolaseeks-investors-for-23-billion-of-water-power-projects

EIA – http://www.eia.gov/countries/cab.cfm?fips=ao

PR News Wire – www.prnews wire.com IMF, World Economic Outlook 2015

The Revenue Watch Institute's Angola Profile Public Financial Management (PFM) website

2015 Index of Economic Freedom http://www.heritage.org/index/country/angola

Our Africa – http://www.our-africa.org/angola/povertyhealthcare

Opec – http://www.opec.org/opec_web/en/about_us/147.htm

International Comparative legal Guide – http://www.iclg.co.uk/practice-areas/oil-and-gasregulation/oil-and-gas-regulation-2015/angola

Off Shore – Mag – http://www.offshore-mag.com/articles/print/volume-75/issue-5/international-field-d evelopment/sub-sahara-africa-booms-in-oil-explorationnatural-gas-finds.html

Bloomberg Business http://www.bloomberg.com/news/articles/2015-04-29/angolaseeks-investors-for-23-billion-of-water-power-projects

EIA – http://www.eia.gov/countries/cab.cfm?fips=ao

Off shore learning centre http://www.offshoremag.com/articles/print/volume-75/issue5/international-field-development/sub-sahara-africa-booms-in-oil-explorationnatural-gas-finds.html

www.ingramcontent.com/pod-product-compliance
Lightning Source LLC
Chambersburg PA
CBHW070951180426
43194CB00042B/2271